Der Südosten

verkehrspolitisch betrachtet

Von

Dr.-Ing. Otto Blum

o. Professor an der Technischen Hochschule Hannover

Mit 40 Abbildungen

Berlin
Springer-Verlag
1941

ISBN-13:978-3-642-89550-0 e-ISBN-13:978-3-642-91406-5
DOI: 10.1007/978-3-642-91406-5

Vorwort.

Seit dem Ausgang des Weltkrieges haben verschiedene Gebiete des Südostens in der Politik und Strategie und hiermit im Verkehrswesen — allgemein ausgedrückt in der Geopolitik — eine besonders große Rolle gespielt. Es waren dies:

1. Die englischen Mandats- und Einflußgebiete an den östlichen Küsten des Mittelmeers (Zypern, Syrien, Palästina, Arabien, Irak, Ägypten). England stellte sich hier darauf ein, in irgendeiner Form eine Eisenbahnverbindung, eine britische Bagdadbahn, vom Mittelmeer (Haifa?) nach dem Persischen Golf (Bagdad oder Basra) zu schaffen; es schuf sich hier ferner einen Luftkorridor für seine Luftverbindungen nach Indien, also für den britischen „Suezkanal der Luft"; es baute (in Verbindung mit Frankreich) die Ölleitung von Mosul nach Haifa (und Tripolis), um die Treibstoffversorgung seiner im Mittelmeer liegenden Kriegsflotte sicherzustellen; es schuf sich in Palästina das große Glacis, das ihm zur Verteidigung des Suezkanals gegen einen Angriff von Norden notwendig erschien; und es faßte schließlich alle seine dortigen Kräfte in einer gewaltigen militärischen Basis zusammen, die von Zypern über Haifa, den Suezkanal, das Nildelta und Alexandria bis zu seiner libyschen Grenze reicht. Diese Basis, die die drei Wehrmachtsteile zu einheitlicher Machtentfaltung befähigen sollte, wurde zu diesem Zweck durch eine durchgehende normalspurige Eisenbahn verbunden, die von Haifa über Kairo bis Bir Garrab rd. 1000 km lang ist.

2. Der Suezkanal. Seine große strategische Bedeutung wurde durch den Krieg zwischen Abessinien und Italien besonders sinnfällig.

3. Libyien. Die Bedeutung dieses bisher als Wüste so gering eingeschätzten Küstengebiets stieg um so mehr, je mehr Italien als Mittelmeermacht aufstieg. Gleichzeitig gewann hiermit Süditalien, namentlich Sizilien, die Meeresstraße von Sizilien und das englische Malta, eine besondere geopolitische Bedeutung.

4. Die Balkanländer und der Donauraum. Sie wurden für die Wirtschaft und den Verkehr Mitteleuropas, namentlich Deutschlands, ständig wichtiger, je mehr sich die Staaten aus den politischen Verstrickungen mit Frankreich lösten und je mehr sie sich vom Joch des internationalen Kapitals befreiten; denn je mehr sie sich zur politischen und wirtschaftlichen Freiheit durchzuringen bestrebten, desto mehr erkannten sie, daß die natürlichen geographischen Verhältnisse auf die Pflege des Güteraustausches mit Mitteleuropa hinwiesen. Diese Überlegung setzte sich besonders durch, als die Ostmark und die Sudetenländer wieder mit dem deutschen Vaterland vereinigt wurden.

Die vorstehend angedeuteten Erscheinungen haben mich veranlaßt, die verkehrspolitische Bedeutung der genannten Gebiete in mehreren Aufsätzen zu untersuchen. Es wurden veröffentlicht:

1. „Die verkehrspolitische Bedeutung des östlichen Mittelmeerraums" im „Archiv für Eisenbahnwesen" 1936.
2. „Zum Verkehrswesen Syriens" in der „Zeitschrift für Verkehrswissenschaft" 1937.
3. „Deutschland und Südosteuropa, nach Rückgliederung der Ostmark und der Sudetenländer, verkehrspolitisch betrachtet" in derselben Zeitschrift 1939 — alle im Verlag von Julius Springer, Berlin.

Außerdem ist zu verweisen auf zwei in der „Zeitung des Vereins Mitteleuropäischer Eisenbahnverwaltungen“ erschienene Aufsätze:

„Grundlagen zur Beurteilung der verkehrsgeographischen Bedeutung des Donauraums“, 1938, und

„Zum Verkehrswesen Italiens“, 1934.

Die gegenwärtige Lage läßt es vielleicht erwünscht erscheinen, diese zerstreuten Aufsätze in Buchform zusammenzufassen. Hierbei war natürlich eine Überarbeitung erforderlich, teils um Wiederholungen zu vermeiden, teils, um die Ereignisse der letzten Jahre und ihre Wirkungen auf den Verkehr dieser Gebiete zu erfassen. Bei der Überarbeitung war es zweckmäßig, von dem östlichen Mittelmeerraum auszugehen und dessen geographische und verkehrstechnische Verhältnisse eingehend zu erörtern, denn sie sind am eigenartigsten, wichtigsten und lehrreichsten und in großem Umfang auch für die Balkanländer bis in den mittleren Donauraum hinein maßgebend.

Hannover, im Juni 1941.

O. Blum.

Inhaltsverzeichnis.

Einleitung.

Das von uns nachstehend zu erörternde Gebiet liegt etwa zwischen der Linie Neapel—Triest—Budapest im Nordwesten und der Linie Kairo—Basra im Südosten. Es umfaßt also den Südosten Europas, die östlichen Teile des Mittelmeers und den sog. Vorderen Orient. Wenn man der Gliederung der Erdoberfläche die Kontinente als die maßgebenden Einheiten zugrunde legt, so besteht das Gebiet also aus je einem Teil dreier verschiedener Einheiten; es würde also bei dieser Betrachtungsweise in sich keine Einheit darstellen. Aber die Kontinente sind in vielen Beziehungen nicht Einheiten; die Einheiten sind vielmehr in weit höherem Maße die Meere und bestimmte Meeresteile; unter diesen vor allem die drei großen Mittelmeere nebst ihren Randgebieten.

Die Trennungen zwischen den drei Kontinenten sind gerade im Gebiet des östlichen Mittelmeers ungewöhnlich schwach ausgeprägt: die Dardanellen und der Bosporus sind ganz schmale Meeresarme; am Bosporus liegt die einheitliche Stadt Istanbul in zwei Kontinenten (!), und die Grenze zwischen Afrika und Asien ist nur der Suezkanal, also ein Gebild von Menschenhand, mit dem der Menschenwitz doch nur gerade die Außenhaut der Erde ein wenig geritzt hat.

Der abzulehnenden Einheit der „Kontinente" (Europa, Afrika, Asien) ist in diesem Fall die Einheit des europäischen Lebensraums gegenüberzustellen. Dieser aber umfaßt neben dem eigentlichen Europa die afrikanischen und asiatischen Randgebiete des Mittelmeers, und zwar bis in die Sahara und bis in die Wüsten und Steppen Irans hinein; wo man die Grenzen — oder vielmehr die in diesem Fall sehr breiten und unscharfen Grenzsäume — ziehen möge, kann für unsere Untersuchungen offen bleiben; Ägypten, Syrien und das Zweistromland (Irak) sind jedenfalls einzuschließen.

In diesem Sinn ist das Gebiet des östlichen Mittelmeers, das unserer Betrachtung zugrunde gelegt ist, der südöstliche Teil des europäischen Lebensraums; es ist ein Teil von diesem, aber gleichzeitig bildet es die Brücke von Europa nach drei anderen Erdräumen, nämlich nach Hochasien, den Monsunländern Asiens und dem Östlichen Afrika.

Der Charakter der „Brücke" kommt besonders in den unteren Donauländern, aber auch in der großen „Mole" Italien und vor allem im Vorderen Orient zum Ausdruck. Die Bedeutung dieser Räume, besonders des letztgenannten, ist vier Jahrhunderte hindurch (1500–1900) verdunkelt gewesen, aber sie rückt jetzt wieder in das helle Licht des Weltgeschehens. Der Orient, insbesondere sein Zentralgebiet Syrien, ist mit seinen Nachbarländern die Klammer, die drei Kontinente zusammenhält. In ihn münden die Schienenwege des südöstlichen Europa, desgleichen die aus dem reichsten und wichtigsten Gebiet Rußlands, und dazu die (allerdings noch nicht durchgehende) Kap-Kairo-Bahn; durchzogen wird der Raum von dem kommenden Schienenweg Europa—Indien, durchzogen wird er schon heute von den Fluglinien nach Indien und Australien; und dazu ist er aufs trefflichste durch das Meer aufgeschlossen, das hier im System der Suezlinien die zweitwichtigste Welthandelsstraße geschaffen hat.

In seiner Ernährung ist der Raum aus eigener Kraft sichergestellt; für die Entwicklung seiner Industrie verfügt er über Baumwolle in reichlichem Maß;

die Erzeugung von Wolle und Seide läßt sich unschwer steigern, Erze aller Arten sind festgestellt, aber noch wenig erschlossen, und als Energiequelle stehen die Ölschätze Rumäniens, Rußlands, Iraks und Persiens zur Verfügung; — kein Zweifel, der wirtschaftliche und politische Schwerpunkt der Welt hat wieder eine Pendelbewegung nach dem Orient eingeschlagen. — Deutschland hat alle Ursache, diese Erscheinungen sorgfältigst zu beobachten, denn der nähere Orient ist ein wichtiges Absatzgebiet für unsere Industrie und ein bedeutungsvolles Arbeitsgebiet für unsere Ingenieure (namentlich Verkehrsingenieure). Außerdem vollzieht sich bekanntlich in der Einfuhr wichtiger Textil-Rohstoffe ein Umschwung: die Bedeutung der alten Hauptbezugsgebiete für Wolle, Baumwolle, Seide, Flachs und Hanf sinkt und die Bedeutung der neuen Gebiete steigt; zu ihnen gehören aber gerade die Länder des Vorderen Orient.

Da wir Verkehrsfragen untersuchen wollen, bei diesen aber zur Zeit die militärischen und machtpolitischen Rücksichten fast überall wichtiger sind als die wirtschaftlichen, so seien hier einige Bemerkungen über ein Teilgebiet der Geographie gemacht, das zwar in der Praxis uralt ist, aber erst in unserer Zeit in seiner wissenschaftlichen Bedeutung erkannt ist. Es ist dies die „Wehrgeopolitik", die auch gerade für den die Verkehrsnetze entwerfenden finanzierenden und schaffenden Verkehrsfachmann von hoher Bedeutung ist.

In der Wehrgeopolitik spielen zwei Probleme die Hauptrolle: Lage und Raum —, daneben Klima, Pflanzen- und Tierreich, Bodenschätze und Industrie und vor allem auch die Verkehrsverhältnisse, und zwar diese in ihrem vollen Umfang. Alle diese Fragen muß der militärische Führer beherrschen, alle muß auch der Verkehrsfachmann beherrschen; wir werden uns also mit ihnen eingehend zu beschäftigen haben.

Die Lage (eines bestimmten Gebiets, eines ganzen Landes, einer Hauptstadt, einer Insel, eines Hafens) ist der wehrgeopolitisch wichtigste Faktor. Das erkennt man daran, daß selbst kleinste Raumgebilde (Inseln, Halbinseln, Meerengen, Pässe) eine überragende Bedeutung für den Verkehr und damit für die Machtpolitik haben (Gibraltar, Malta, Aden, die Dardanellen, die Kilikischen Tore, gewisse Oasen in den Wüsten). Der Wert der Lage kann je nach dem Besitzer sehr verschieden sein; Hongkong und Singapore sind für die Chinesen und Malaien herzlich unbedeutende Fischerinseln gewesen, in den Händen der Engländer sind sie Eckpfeiler ihrer Macht und Welthäfen geworden; Dairen (Dalni) war für Rußland der große Hafen, für Japan ist es ziemlich bedeutungslos. Der Wert der Lage kann sich außerdem durch die Verlagerung der Verkehrswege und die Fortschritte der Technik stark ändern, vgl. die Entthronung so mancher stolzen Handelsstadt.

Beim Raum tritt uns vor allem der Unterschied zwischen dem kleinen und großen Raum entgegen. Wir Westeuropäer können außer dem Engländer fast nur im kleinen Raum denken; denn wir wohnen in zu kleinen Räumen, wir sind „Volk ohne Raum". Vorderasien und so mancher andere Teil unserer Erde sind aber Gebiete des großen Raums, und wir müssen daher endlich umlernen. Der große Raum ist in Angriff und namentlich in der Verteidigung stärker als der kleine (vgl. das Scheitern Napoleons in Rußland); aber im großen Raum ist das Tempo der Zeit viel langsamer; Russen, Chinesen, Orientalen können warten; sie denken räumlich und zeitlich groß; wir dagegen schätzen das „Tempo" hoch und schauen hochnäsig auf diese „Langsamen, Rückständigen, Energielosen" herab!

Beim Raum ist wichtig, ob und inwieweit er „autark" oder von andern abhängig ist. Autark ist der Raum für Wirtschaft und Kriegführung nur, wenn er über genügend Lebensmittel (Getreide), Energiequellen (Kohle, Öl, Wasserkräfte), Bodenschätze (Erze) und über Industrie (Anlagen und Arbeitskräfte) verfügt. Die Abhängigkeit ist am schlimmsten in Ländern mit „Monokulturen", vgl. Ägypten mit der zu einseitigen Bevorzugung der Baumwolle. In Vorderasien sind diese Probleme besonders wichtig, weil einerseits die klimatischen Verhältnisse in manchen Gebieten auf Monokulturen (Baumwolle, Mohn, Tabak) hinweisen, und weil andererseits die Energiequellen im Besitz von Fremden sind, namentlich die Ölfelder; eine Parallele hierzu sind die Nilquellflüsse, die im Besitz Englands sind, so daß Ägypten trotz sog. staatlicher Unabhängigkeit (?) von England abhängig ist.

In vielen wirtschaftlich schwachen Staaten tritt uns die in den geographischen und politischen Verhältnissen schlüssig begründete Erscheinung entgegen, daß die Verkehrsanlagen in erster Linie nicht von den zu erschließenden Ländern (Staaten) selber, sondern von Fremden (von fremden Staaten und fremden Unternehmungen) finanziert und gebaut werden.

Recht klar ist dies z. B. bei der Mandschurei: hier hatten weder die eigene Bevölkerung noch die früheren staatlichen Gewalten (bis 1912 China und dann die einheimischen Fürsten) den Wunsch oder die wirtschaftliche Kraft, ein großartiges Eisenbahnnetz zu schaffen; China trieb nur eine Eisenbahnlinie in die Mandschurei vor (Peiping—Mukden), aber weniger zur Erschließung der Mandschurei als vielmehr zur Verteidigung des chinesischen Kernlands gegen einen von Norden oder Nordosten kommenden Angreifer, und die einheimischen Großen versprachen sich von der modernen Erschließung wohl kaum Vorteile. Das Eisenbahnnetz der Mandschurei wurde vielmehr von Rußland und Japan geschaffen; seine Hauptlinien zeigen daher auch zum Teil Linienführungen, die den verkehrsgeographischen Forderungen des Landes nicht entsprechen: Die ehemals russische Chinesische Ostbahn ist in ihrem östlichen Teilstück (von Charbin ab) für die Mandschurei fast wertlos, denn diese hat keine Beziehungen zu Wladiwostok, denn es liegt nicht am offenen Ozean, sondern am Japanischen Meer, d. h. an einem Binnenmeer, das Japan vollständig abriegeln kann; und außerdem ist Wladiwostok 3 bis 4 Monate vom Eis blockiert, die Mandschurei hat dagegen an ihrer eigenen Südküste eisfreie Häfen am ziemlich offenen Gelben Meer.

Auch in dem Vorderen Orient sind die meisten Verkehrslinien, namentlich Eisenbahnen und Telegraphenlinien und alle Ölleitungen und Luftlinien und vor allem der Suezkanal von Fremden geschaffen worden. Erst in neuerer Zeit haben sich die Türkei und Iran (Persien), in etwa auch Irak von der Bevormundung durch Fremde freigemacht. Ihre neuen Eisenbahnen usw. werden nicht mehr von fremden Mächten finanziert, trassiert und gebaut, sondern von diesen Staaten selbst, also nach deren eigenen Bedürfnissen; in den andern Gebieten Vorderasiens sind aber für den Ausbau der Verkehrsnetze noch überwiegend fremde Mächte maßgebend, was natürlich in den Linienführungen der Eisenbahnen und der Ölleitungen zum Ausdruck kommt.

Bei der Beurteilung der geplanten, im Bau begriffenen und schon im Betrieb befindlichen Verkehrswege und anderen Verkehrsanlagen, z. B. von Häfen, muß man also immer prüfen, ob dabei fremde Kräfte (fremde Staaten) oder einheimische am Werk sind; und wo es sich um einheimische zu handeln scheint, muß man noch prüfen, ob es wirklich echte einheimische Kräfte sind oder vorgeschobene, die in Wirklichkeit in irgendeiner Form von Fremden abhängig sind und deren Geschäfte besorgen. Hierbei bedienen sich die fremden Staaten vor allem ihres Privatkapitals, das sich bemüht, mit Hilfe von Anleihen usw. die zu erschließenden Länder in finanzielle Abhängigkeit von sich zu bringen und immer fester zu verstricken.

Es ist daher verständlich, daß Staaten, die hierzu politisch stark genug sind und die ihre Freiheit behaupten wollen, grundsätzlich keine ausländischen Anleihen aufnehmen. Auch die Güter, die man aus dem Ausland beziehen muß, weil die eigene Industrie sie (noch) nicht liefern kann, bezahlt man nicht mehr mit Geld (Devisen), sondern mit Waren (z. B. Tabak gegen Schienen). Hierbei muß man sich damit abfinden, daß die Bauzeiten u. U. verlängert werden, weil die Steuerkraft des eigenen Landes die Mittel nicht so schnell aufbringen kann oder weil die notwendige Menge von Ausfuhrgütern nicht so schnell erzeugt oder nicht so schnell vom ausländischen Markt aufgenommen werden kann. Mit diesen Verzögerungen findet sich der weise Staatslenker ab, denn das ist — trotz der politischen Spannungen, die zur Eile drängen — immer noch leichter zu ertragen als die dauernde Abhängigkeit von dem „verfluchten Geld der Fremden"[1]. — Vor allem aber lehnt eine kluge Politik es ab, daß fremdes Privatkapital, d. h. daß das internationale Kapital Privatbahnen baut, denn Privatbahnsystem mit fremdem Kapital begründet die schlimmste Abhängigkeit vom Ausland!

Es ist klar, daß die Verkehrsnetze in ihrer Gesamtgestalt und in ihrer technischen Ausführung sehr verschieden sein werden, je nachdem, ob sie vom eigenen Staat oder von Fremden geschaffen werden.

Da die Fremden (außer Rußland) vom Meer herkommen, werden ihre Verkehrsanlagen stark „meerische" (maritime) Züge aufweisen; es werden Wege sein, die vom Meer in das Landesinnere hinein vorgetrieben werden, also „Verlängerungen" des Seeverkehrs in das Innere, vgl. die von Izmir (Smyrna) ausgehenden Stichbahnen, die hauptsächlich vom griechischen Unternehmungsgeist und mit westeuropäischem Geld geschaffen worden sind, vgl. ferner die Bahn Beirut—Damaskus, Jaffa—Jerusalem und die Bahnen in Ägypten.

Da aber die großen selbständigen Staaten Vorderasiens in Wirtschaft und Politik stark von „ländischen" (kontinentalen) Kräften beherrscht werden, werden die aus eigener Kraft gebauten Linien stark kontinentale Züge aufweisen, denn ihre Aufgabe ist es, die verschiedenen Landesteile dieser Kontinentalstaaten untereinander zu verknüpfen, vgl. die Hedschasbahn und die Bahnbauten der heutigen Türkei; den gleichen Zug trägt die Eisenbahnpolitik Irans (Persiens), und auch ein künftiges einheitliches arabisches Reich wird voraussichtlich sein Bahnnetz nach diesen Grundsätzen ausbauen, — sofern es sich von fremdem Einfluß frei halten kann.

Um Mißverständnissen vorzubeugen, sei aber erwähnt, daß selbstverständlich auch diese Kontinentalstaaten den Anschluß an das Meer nicht ablehnen; ihre ersten Bahnen gehen vielmehr vom Meer aus — schon deswegen, weil man auf den Bezug vieler Eisenbahnbaustoffe aus Übersee angewiesen ist; aber später liegt der Schwerpunkt des Eisenbahnbaus im Landesinnern, was heute schon in der Eisenbahnpolitik der Türkei und Irans deutlich zum Ausdruck kommt.

[1] Schon die Mekkabahn (Hedschasbahn), die von der Türkei aus religiösen und politischen Gründen von Damaskus nach Arabien (Medina) vorgetrieben worden ist, ist nicht durch fremdes Kapital, sondern durch Spenden der Gläubigen aus der ganzen mohammedanischen Welt finanziert worden, — aber von einem Deutschen, Meißner-Pascha, gebaut worden.

I. Die geographischen (geologischen und klimatischen) Grundlagen des Gesamtraums.

A. Übereinstimmende Charakterzüge der Mittelmeere.

1. Die drei Mittelmeere — das europäische, das asiatisch-australische und das amerikanische — sind die Glieder der großen durchgehenden Bruchzone, durch die die Landmassen zertrümmert und in die sog. Nord- und Südkontinente zerlegt werden. Diese Zertrümmerung ist für den Weltverkehr von größter Bedeutung, denn die größten Landmassen und die für Wirtschaft, Politik und Kultur maßgebenden Gebiete der Erde — sie sog. „Machtzentren der Welt" — liegen auf der nördlichen Halbkugel, und zwar fast alle in deren gemäßigten Breiten. Die Seewege zwischen ihnen würden also durch die weit nach Süden vorstoßenden Südkontinente sehr verlängert und verteuert werden, wenn die gütige Natur nicht diese erdumspannende, fast durchgehende West-Ost-Wasserstraße geschaffen hätte, die der Mensch nur durch zwei Kanäle, den Suez- und den Panamakanal, zu verbessern brauchte, um sie zu einer vollständig durchgehenden Straße zu machen. Sie verläuft übrigens zwar weit südlich, bleibt aber vollkommen auf der nördlichen Halbkugel und tippt nur an einem Punkt (bei Singapur) an den Äquator an.

2. Eine weitere Ähnlichkeit besteht darin, daß die Mittelmeere auf große Strecken von verkehrsfeindlichen geographischen Gebilden begleitet werden, und zwar hauptsächlich von Kettengebirgen, Wüsten und Steppen. Hierdurch werden sie nach außen abgeschlossen. Diese Tendenz wird noch dadurch verstärkt, daß in die Binnenmeere auf weite Strecken keine großen Ströme münden, und daß die in sie mündenden Flüsse zum Teil nur schlecht schiffbar sind. Andererseits sind die Mittelmeerräume in sich aufs beste aufgeschlossen; denn sie bestehen in der Hauptsache aus kleineren Meeresteilen, Buchten und Meerengen und aus Inseln und Halbinseln. Ferner ist der Seeverkehr in ihnen durch das Klima, nämlich durch die regelmäßigen Winde und den Mangel von Frost und Nebel erleichtert. Der Abschluß nach außen und die gute Wegsamkeit im Innern verleihen den drei Mittelmeerräumen je eine ausgesprochene Eigenart; sie sind den sie umgebenden Kontinenten gegenüber selbständige geographische Gebilde mit ihren eigenen Charakterzügen.

3. Zu diesen eigenartigen Charakterzügen gehört auch die Vielheit der Völker und der Sprachen, die in den Mittelmeergebieten herrschen. Dies hat zu vielen langdauernden wirtschaftspolitischen Spannungen und deren kriegerischen Lösungen geführt, wobei es nur selten zu einer einheitlichen Beherrschung des Gesamtraums gekommen ist; als solche kann man eigentlich nur für die früheren Zeiten das Römische Weltreich und für die Gegenwart diewirtschaftliche Vorherrschaft der Vereinigten Staaten im amerikanischen Mittelmeer ansprechen. Die starken politischen Gegensätze und die vielen Kriege haben auch das Seeräuberunwesen verschuldet, das noch heute nicht ausgerottet ist, zumal dies Gewerbe infolge des starken Verkehrs und des Reichtums der Küstenstriche viel Anreiz bietet und in den unzählig vielen Buchten so ausgezeichnete Schlupf-

winkel findet. Es ist nicht zuletzt auf die Seeräuberei zurückzuführen, daß Algerien, das doch unmittelbar vor den Toren Frankreichs liegt, erst nach 1870 ernstlich erschlossen worden ist.

4. Die Völker der drei Mittelmeergebiete scheiden sich in Land- und Seevölker. Typische Landvölker waren die alten Kulturvölker des Zweistromlands, die Perser, die aus Innerasien vordringenden Völker, die schließlich bis Wien vorstießen, die Ägypter, aber auch die Römer, bis sie, durch Wirtschaft und Krieg gezwungen, den Schritt aufs Meer taten, dann die Germanen der Völkerwanderung, die ihre Reiche bis Nordafrika ausdehnten, später die Araber, die die noch heute so wichtige Scheidung in das westlich-nördliche, christliche, europäische und das südlich-östliche, mohammedanische, orientalische Gebiet verursacht haben. Zu den Landvölkern gehören auch die Spanier, die trotz der von ihnen ausgegangenen großen Entdeckungen ein Kontinentalvolk geblieben sind und außerdem die große Chance ihrer Entdeckungen nicht ausnutzen konnten, weil es ihnen dazu an Volkskraft gebrach. Typische Seevölker sind dagegen die Phöniker, die Griechen, die Dalmatiner, die Venetianer und andere italienische Stämme, in den anderen Mittelmeeren die Kariben und Malaien.

Der Unterschied zwischen See- und Landvölkern ist natürlich von alters her in den friedlichen und kriegerischen Beziehungen der verschiedenen Völker, Staaten und Religionen zum Ausdruck gekommen, und hierdurch ist der Verkehr je nachdem stark nach der kontinentalen oder der maritimen Seite hin beeinflußt worden: Es hat Zeiten gegeben, in denen alles auf den Landverkehr abgestellt war, vergleiche die auf den Straßenbau abgestellte Verkehrspolitik der Perser, die Vorstöße der Mohammedaner über Kleinasien und den Balkan gegen Wien, und über Nordafrika und Spanien gegen Frankreich, vergleiche ferner die drei ersten Kreuzzüge, bei denen die Kreuzritter den Landweg (über Konstantinopel) wählten und in denen typische Landheere (Ritter und Reiter) gegeneinander fochten, vergleiche in unseren Tagen den Bau der Eisenbahnen aus Mitteleuropa über den Balkan nach Kleinasien, dem Irak und Arabien. Und es hat andere Zeiten gegeben, in denen der Seeverkehr die Hauptrolle gespielt hat, vergleiche die Erschließung des Mittelmeers durch die sog. Phöniker, die Kolonisationstätigkeit der Griechen, den Seeverkehr der Römer und die Leistungen der Italiener.

Selbstverständlich sind bei diesem friedlichen und kriegerischen Verkehr die Völker gelegentlich gezwungen gewesen, ihr ursprüngliches Element zu verlassen; die Perser, die Römer, die Araber und Türken, teilweise auch die Germanen, waren gezwungen, aufs Meer zu gehen, und diese großen volksstarken Landvölker haben auch auf dem Meer Großes geleistet; dagegen waren die volksschwachen Seevölker, die sogar ihre Schiffe mit Volksfremden bemannen mußten, nicht in der Lage, weit über ihre Seestützpunkte hinauszugehen; es hat doch immer schließlich das in der heiligen Mutter Erde verwurzelte Landvolk den Sieg über das zwar beweglichere, aber zerflatternde Seevolk davongetragen; es haben immer die großen, kompakten, in sich geschlossenen Landstaaten über die seegewaltigen Völker triumphiert, deren Reiche doch nichts anderes waren, als aufgelöste, nur von der Handels- und Kriegsflotte zusammengehaltene Ketten von Inseln und Halbinseln; bestes Beispiel Venedig, dessen Machtbereich ganz typisch die „zerstreute Lage" (von den Burgen Tirols bis Trapezunt) zeigt.

5. Eine erst für die neuere Zeit wichtige und für die nächste Zukunft hochbedeutungsvolle Eigentümlichkeit der Mittelmeergebiete ist das Fehlen von Kohle und das Vorkommen von Öl.

Da die Einführung der Kohle in die Wirtschaft wesentlich älter ist als die des Öls, haben die Mittelmeergebiete in ihrer wirtschaftlichen und damit auch in ihrer machtpolitischen Entwicklung gelitten, und sie sind den Völkern und Erdteilen gegenüber, die über Kohle verfügen, zurückgeblieben, allerdings nicht in der Landwirtschaft, um so mehr aber in der Industrie und damit in der Waffenrüstung; vergleiche das Zurückbleiben der europäisch-vorderasiatischen Völker und Staaten gegenüber den nordwesteuropäischen Industriestaaten, ferner in Amerika das (frühere, jetzt schon überwundene ?) Zurückbleiben der Südstaaten und Mexikos gegenüber den Nordstaaten, und vielleicht auch das der malaiischen Welt gegenüber der chinesischen (?). Selbstverständlich ist hierbei das Fehlen von Kohle nicht die einzige und für gewisse Gebiete nicht einmal die wichtigste Ursache. Wie stark der Kohlenmangel aber wirken kann, hat sich noch im Weltkrieg gezeigt, in dem Italien in schwere Bedrängnis geriet, als England die Kohlenzufuhr sperrte. Unter diesem Druck und unter dieser wirtschaftlichen und militärischen Abhängigkeit von den über Kohle verfügenden fremden Staaten werden die Mittelmeerstaaten ständig zu leiden haben, oder vielmehr: sie würden zu leiden haben, wenn jetzt nicht ihre ungeheuren Ölvorkommen immer intensiver erschlossen würden. Und hieraus ergibt sich nun die wirtschafts-, macht- und verkehrspolitische Situation:

daß die alten „Kohlestaaten" durch die jungen „Ölstaaten" bedroht werden und daher nun ihre ursprünglich auf der Kohle aufgebaute wirtschaftliche und militärische Überlegenheit dazu ausnutzen müssen, um sich die wirtschaftliche, verkehrspolitische und militärische Hoheit über die Ölfelder zu sichern; und

daß die „jungen Ölstaaten sich gegen diese Angriffe — die man „friedliche Durchdringung" nennt — zur Wehr setzen müssen.

Dieser Kampf wird anfänglich mit „friedlichen" Mitteln geführt, hauptsächlich mittels Anleihen und Kapitalinvestierungen, für die von den vorläufig Schwächeren entsprechende „Konzessionen" gewährt werden müssen, vergleiche die Erschließung der Ölvorkommen in Mexiko und den Südstaaten durch die Kapitalisten der Nordstaaten und der in Iran und Irak durch das westeuropäische Kapital. — Kein Wunder, daß sich einzelne Staaten hiergegen aufzulehnen beginnen. Aber man schreckt auch nicht vor politischen und militärischen Druckmitteln zurück, vergleiche die Auseinandersetzungen zwischen Nordamerika und Mexiko und die Ausgliederung des Ölbezirks von Mosul aus der Türkei.

Die Ölfelder beeinflussen auch die Entwicklung des Verkehrs in den Mittelmeergebieten in hohem Maße:

a) die hohen Verdienst versprechenden Transporte des so zahlungsfähigen Öls reizen zum Bau neuer Verkehrsanlagen (Eisenbahnen, Ölleitungen, Häfen) an;

b) die Schiffahrt erhält eine starke Anregung, von der Kohle zum Öl überzugehen;

c) der Kraftverkehr wird verbilligt; — sehr zu beachten namentlich für die die Mittelmeere begleitenden Wüsten und Steppen, deren Verkehrsbedürfnisse bisher sehr gering sind und daher mit Kraftwagen bedient werden können, und deren Boden stellenweise den Kraftverkehr ohne befestigte Straßen zuläßt;

d) das Öl veranlaßt auch die Eisenbahn, die Ölfeuerung und den Triebwagen zu bevorzugen; sehr zu beachten beim Bau von Eisenbahnen in den die Mittelmeere begleitenden hohen, schroffen Gebirgen, denn man ist dadurch hier berechtigt, vergleichsweise stärkere Steigungen anzuwenden als bei Kohle-Dampf-Betrieb;

e) hochbedeutungsvoll ist das Öl für die Kriegsmarinen der Mittelmeermächte, also für England, Frankreich und Italien; der französische und der englische Hafen an den Endpunkten der großen Ölleitungen haben daher eine große strategische Bedeutung[1].

6. Da die Mittelmeere (mit Ausnahme des asiatisch-australischen) ganz auf der Nordhalbkugel liegen, so ist ihr Klima wärmer als das der nördlich

[1] Wenn wir vorstehend die Bedeutung des Öls so hervorgehoben haben, so möchten wir doch davor warnen, in den Fehler jener zu verfallen, die in dem Aufstieg der „Weltmacht Öl" schon den Zusammenbruch der „Weltmacht Kohle" sehen.

angrenzenden Gebiete, und hieraus ergeben sich bestimmte wirtschaftliche und politische Unterschiede:

Allerdings hat das wärmere Klima einzelne Völker der Mittelmeergebiete (dauernd oder nur zeitweilig?) vielleicht weniger zu Arbeit, Tatkraft und Zähigkeit erzogen; aber dafür sind auch die wirklichen Bedürfnisse, also die notwendigen Ansprüche an Wohnung, Nahrung, Kleidung und Heizung, also auch die „Produktionskosten" viel geringer, und wer im Weltwettbewerb günstiger dasteht, mag bezweifelt werden. Nachdem nun die nördlichen Völker nicht nur ihre Industrieerzeugnisse, sondern auch ihre Industriemittel (Maschinen und Verfahren) nach dem Süden eingeführt haben, wird der Süden immer mehr selbst Industriegebiet und kann hierbei von den eben erwähnten niedrigeren Produktionskosten Gebrauch machen. Nachdem außerdem der Norden den Verkehr zwischen Nord und Süd so verbilligt hat (vgl. Algier—Frankreich), wird die südliche Landwirtschaft der nördlichen ein gefährlicher Wettbewerber; denn sie hat den dreifachen Vorteil des wärmeren Klimas, der billigeren Lebenshaltung und der früheren Ernten. Schon ist der französische Gemüse- und Weinbauer durch den algerischen schwer bedroht; schon ist der Gemüse- und Obstbau in den Nordstaaten der Union dem Wettbewerb der Südstaaten fast erlegen!

B. Geologische Grundzüge.

Vom geologischen (oder geomorphologischen) Standpunkt aus besteht das Gebiet des europäisch-vorderasiatisch-nordafrikanischen Mittelmeers aus drei Hauptteilen, von denen jeder über mindestens zwei Kontinente hinüberreicht

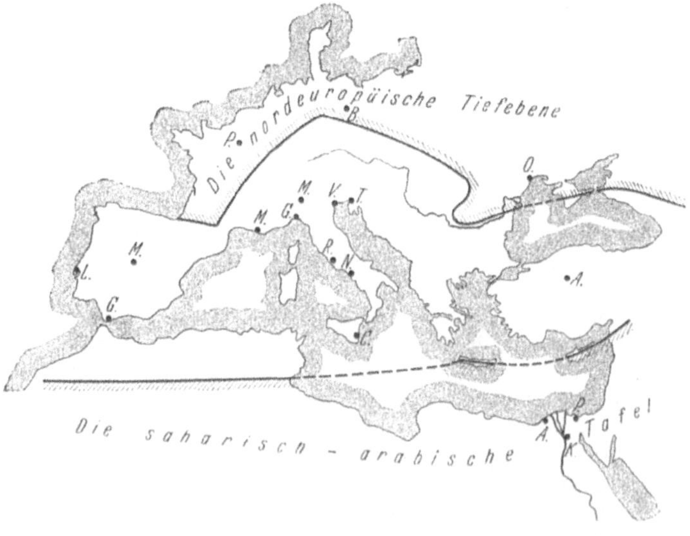

Abb. 1. Die drei Hauptgebiete (West-Ost-Streifen) des europäischen Lebensraums.

(und hiermit die Bedeutungslosigkeit des Begriffs „Kontinent" anschaulich macht). Diese Gliederung ist auch vom verkehrstechnischen Standpunkt von grundlegender Bedeutung, insbesondere für den Land- (Binnen-) Verkehr, weniger für den Seeverkehr.

Es sind gemäß Abb. 1 drei West-Ost-Streifen zu unterscheiden: das russisch-turkmenische Tafelland im Norden, das Kettengebirgsland in der Mitte und die saharisch-arabische Tafel im Süden.

1. Das russisch(-turkmenische) Tafelland im Norden erstreckt sich allerdings nicht über das ganze Mittelmeergebiet, sondern eigentlich nur über das des Schwarzen Meers. Es muß aber doch — wenigstens in unserm Zusammenhang — als ein besonderes der drei Hauptgebiete erwähnt werden, denn es ist durch seine gute Wegsamkeit und seine großen Ströme von besonderer Bedeutung; es hat viele Zeiten hindurch durch seine Ausfuhr (im Altertum von tierischen Produkten, Gold, Fischen und Sklaven, vor dem Weltkrieg von Getreide) eine große Rolle im Verkehr des Mittelmeers gespielt, und es hat lange Zeit hindurch wie eine drohende Wetterwolke über dem für das ganze Mittelmeer so wichtigen Konstantinopel gehangen.

Zu dem russischen Gebiet muß man für unseren Zusammenhang aber noch den Raum des Kaspischen Meeres hinzurechnen, da dieser für die Erschließung der östlichsten Türkei und besonders der des nördlichen Iran von großer Bedeutung ist, vgl. die jetzt fertiggestellte Hauptbahn vom Kaspischen Meer nach Teheran, die aber in ihrem wichtigsten und schwierigsten Teil schon in dem zweiten Hauptstreifen verläuft. — Zu diesem Tiefland ist in gewissem Sinn auch noch die „Bucht" der Walachei hinzuzurechnen — namentlich vom klimatischen Standpunkt, s. u.

2. Das Gebiet der Kettengebirge umfaßt den Nordwesten Afrikas (Marokko, Algerien, Tunis), den Süden Europas (bis zum Nordrand der mitteleuropäischen Mittelgebirge) und Vorderasien mit Ausnahme des größeren Teils von Arabien; aber Oman gehört wieder zu dem Gebiet der Kettengebirge.

Wir brauchen uns hier nicht mit den Theorien auseinanderzusetzen, wie diese großen Gebirgszüge geologisch zusammengehören; für uns ist vielmehr nur ihre Bedeutung für Verkehr, Klima und Wirtschaft wesentlich.

Daß die Gebirge dem Verkehr ungünstig sind, ist selbstverständlich; aber der Grad der Ungunst ist stark verschieden. Allgemein ist hier zunächst festzustellen, daß die Gebirge im Westen, namentlich in Europa, nicht so verkehrsfeindlich sind wie im Osten; denn sie sind hier nicht so ausgedehnt und so kompakt wie namentlich in Kleinasien—Armenien—Iran; ihre Höhe ist geringer (vgl. z. B. die höchsten Spitzen: Montblanc +4800, Elbrus [im Kaukasus] +5631, Ararat +5156, Demawand [im Elbursgebirge] +5465); sie schließen in Europa kaum größere Hochflächen ein, während Anatolien, Iran und der größte Teil von Arabien ausgesprochene Hochländer sind; ferner sind die Gebirge in Europa stärker zertalt und durch die gewaltigen Einbrüche des Meeres zertrümmert. Praktisch gesprochen sind die Schrecken und die Verkehrsfeindschaft der großen Kettengebirge in Europa — außer in einem Teilgebiet der Balkanhalbinsel — durch den Bau der Gebirgsbahnen überwunden, während in Vorderasien noch die größten Schwierigkeiten zu überwinden sind. Wie groß diese und wie stark die Unterschiede zwischen Europa und Asien in dieser Beziehung sind, ergibt sich aus folgender Gegenüberstellung: Die wichtigste Gebirgsbahn Europas, die Gotthardbahn, hat auf ihrer Nordrampe zwischen Erstfeld (+475) bis Goeschenen (+1109 m) einen Gesamthöhenunterschied von „nur" 634 m zu überwinden, wozu bei 27‰ Steigung die bekannten großartigen und teuren künstlichen Längenentwicklungen notwendig waren; die Persische Nordbahn aber hat vom Kaspischen Meer (—26 m) bis zu ihrem Scheitelpunkt im Elbursgebirge mehr als das Dreifache an Höhe zu überwinden, denn sie muß auf eine Höhe von rd. +2000 m hinaufklettern! Die türkischen Bahnen erreichen in Anatolien Höhen bis zu 1330 und 1480 m; Erserum in Armenien liegt auf +2300 m; eine englische „Bagdadbahn" Haifa—Bagdad müßte ziemlich weit nach Norden ausholen, um die Höhenstufe +1000 m zu vermeiden.

Die Gebirgszüge verlaufen fast ausschließlich in der Richtung West—Ost oder Nordwest—Südost;

vergleiche für die Richtung W—O die Pyrenäen, den Hauptteil der Alpen den Balkan, die Ketten des Atlas, die Hauptrichtung der Inseln Sizilien, Kreta und Zypern, die nördlichen und südlichen Ketten Kleinasiens bis nach Armenien hinein;

vergleiche für die Richtung NW—SO einen Teil der Karpathen, den Apennin, die Dinarischen Alpen, den Kaukasus und vor allem die gewaltigen Kettenreihen, die, von Armenien ausgehend, das Hochland Irans vom Tiefland des Zweistromlands scheiden.

In andere Richtungen umgedreht sind nur wenige, und zwar verhältnismäßig kurze Gebirge, z. B. die Westalpen und die der Küste von Nord nach Süd folgenden Doppelketten Syriens (Libanon usw.).

Ihren Hauptrichtungen entsprechend erschweren die großen Gebirgsketten dem Verkehr — und den Regenwinden! — vor allem die Richtung Süd—Nord und Südwest—Nordost. Dies kommt in Europa in den Schwierigkeiten der Alpen- und Apenninbahnen, die die längsten Scheitel- (bzw. Basis-) Tunnel der Welt aufweisen, zum Ausdruck, ferner in den ungünstigen Eisenbahnverhältnissen Dalmatiens, die allerdings zum Teil einer falschen Machtpolitik des früheren Österreich zur Last zu legen sind und nun energisch verbessert werden. Noch größere Schwierigkeiten für den Verkehr — und für die Regenwinde! — entstehen aber an den Gebirgshängen der Atlasländer, Kleinasiens und Irans. Es vereinigen sich hier fast immer drei ungünstige Momente:

die Bahnen müssen hohe, steile Hänge erklettern;

sie stoßen in ein regenarmes und daher wirtschaftlich schwaches Hinterland vor, und

die Gebirgsflüsse sind infolge der ungleichmäßigen Verteilung der Niederschläge — sehr reichlich an den schmalen steilen Küstenhängen, zu spärlich in den ausgedehnten inneren Hochflächen — fast nie schiffbar; ihre Wasserführung ist ungleichmäßig, und ihre Täler sind unregelmäßig und vielfach wild zerklüftet. Diese ungünstigen Verhältnisse sind schon in Italien andeutungsweise zu erkennen.

Andererseits wird die Nord-Süd-Richtung an einzelnen Stellen durch die Einsenkungen und Brüche stark begünstigt, vergleiche das Rhone- und Etschtal, die Straße von Messina, die Adria, den Bosporus und die Dardanellen und vor allem den großartigsten „Verkehrsgraben" der Welt, das Rote Meer.

3. Die saharisch-arabische Tafel, die nach Süden zu auf den Streifen der Kettengebirge folgt, umfaßt die Sahara vom Atlantischen Ozean bis zum Roten Meer und die Wüsten und Steppen Arabiens vom Mittelländischen und Roten Meer bis zu der Niederung des Zweistromlands und zum Persischen Golf. Wie immer man dieses Gebiet betrachten mag — ob vom geologischen, allgemeingeographischen, klimatischen, wirtschaftlichen, verkehrstechnischen oder religiösen Standpunkt —, es tritt uns als eine Einheit entgegen; diese Einheit wird durch das Rote Meer nicht gegliedert; wenn man schon nach einer Teilung sucht, so liegt diese jedenfalls eher in der langgestreckten „Oase" des Niltals als im Roten Meer.

Ob man den Süden Arabiens, der aber für unsere Untersuchung keine große Rolle spielt, zu der saharisch-arabischen Tafel mitrechnen soll, bleibe dahingestellt. Es ist aber darauf hinzuweisen, daß, wenn nicht das Innere, so mindestens die Küstengebiete Südarabiens dem Sudan klimatisch und wirtschaftlich näherstehen als den nördlichen Wüsten; man könnte also einen vierten West-Ost-Streifen „Sudan—Südarabien" an den dritten Streifen anschließen.

Die saharisch-arabische Tafel ist klimatisch und damit wirtschaftlich durch ihre übergroße Trockenheit gekennzeichnet; hieraus ergeben sich auch bestimmte Schwierigkeiten für die Verkehrserschließung; verstärkt werden diese an vielen Stellen durch die Höhen der die Küsten begleitenden Gebirge; verringert werden sie durch die weithin ebene Bodengestaltung und durch die N—S-Furche des Niltals.

Vorstehend haben wir von den drei West-Ost-Streifen gesprochen, aus denen das Mittelmeergebiet besteht; wir haben dabei aber fast nur die Verhältnisse des Landes erörtert, dagegen das Meer fast nicht erwähnt. Nun ist aber — gerade für unseren Zusammenhang — das Meer mindestens ebenso wichtig wie das Land; unsere Betrachtung ist daher lückenhaft, und wir müssen daher noch einiges nachholen:

Das Meer hat hier ebenfalls an allen drei Streifen teil: an dem russischen Tafelland allerdings nur mit dem Nord- und Westrand des Schwarzen Meers, der aber wegen der hier anschließenden so gut wegsamen und wirtschaftlich so wertvollen russischen Tiefebene eine hohe Verkehrsbedeutung besitzt; an dem großen mittleren Streifen der Kettengebirge bis etwa zu einer Grenzlinie Kleine Syrte—Südrand Kreta—Südrand Zypern, und an der saharisch(-arabischen) Tafel von der eben angedeuteten Grenzlinie ab bis zur afrikanischen Küste. Ob diese Einteilung geologisch richtig ist, kann uns gleichgültig sein, zumal es für uns nicht so sehr auf die Meeresfläche als auf die Küstengewässer und die Häfen ankommt.

Der Vielgestaltigkeit der drei Streifen entspricht auch die Vielgestaltigkeit des Meeres, und sie wird von Geologen, Geographen, Zoologen und Klimakundigen entsprechend erörtert. Namentlich sind hier die verschiedenen Tiefen all der einzelnen Becken, aus denen sich das Mittelmeer zusammensetzt, von großer Bedeutung; für den Verkehrstechniker (und für den Politiker und Wirtschaftler) ist diese Art von Vielgestaltigkeit aber von geringer Bedeutung; denn er sieht in das Wasser nicht tiefer hinein, als seine Schiffe tauchen und seine Hafenbauten gegründet werden müssen, und in diesem Sinn ist das Mittelmeer mit allen seinen Buchten und Meerengen die große Lebens- und Verkehrseinheit, gleichgültig, ob seine Wasser nur 15 m oder 4000 m tief sind. Die übrigen geographischen Unterschiede sind für uns hauptsächlich insoweit von Bedeutung, als sie das Klima beeinflussen.

Im Durchschnitt genommen ist das Mittelmeer — im Gegensatz zu der sehr flachen Nord- und Ostsee — ein tiefes Meer; seine einzelnen Becken erreichen Tiefen von 1200 bis 4000 m; die größte Tiefe beträgt 4404 m; aber die die Becken trennenden Schwellen sind zum Teil sehr flach. An die meisten Teile seiner Küsten tritt das Mittelmeer mit großem Tiefen dicht heran; — daher an vielen Stellen die Fülle guter Naturhäfen, die ihrer Zahl nach über das Verkehrsbedürfnis hinausgehen. Dagegen sind die Küsten mit Schelfbildung verhältnismäßig selten; solche finden sich eigentlich nur im Löwengolf am Tyrrhenischen Meer, in der Adria, in den Syrten und im Norden des Schwarzen Meers; — an diesen Stellen besteht vielfach ein Mangel an guten Häfen; besonders charakteristisch sind für diese Unterschiede die Küsten Italiens, wo den beiden an guten Häfen so armen Küstenstrecken von Livorno bis Neapel und von Venedig bis Brindisi die andern mit Häfen so reich gesegneten Küstenstrecken gegenüberstehen.

C. Das Klima.

Das Mittelmeergebiet gehört in seinen für uns wichtigsten Teilgebieten der warmgemäßigten Zone an; es greift aber in die Subtropen über[1]. Es liegt also in einer für die Wirtschaft und Kultur der Menschheit besonders wertvollen Breite, wenn es auch gegenüber gewissen Teilen der kühlgemäßigten Zone (Nordwesteuropa, Nordstaaten von USA.) etwas zurücksteht, — ob dauernd oder nur zeitweilig —, sei hier nicht weiter untersucht.

[1] Die klimatischen Verhältnisse des saharisch-arabischen Wüstengürtels können als bekannt vorausgesetzt werden, so daß sie im folgenden nur gelegentlich gestreift zu werden brauchen. Hervorheben möchten wir nur, daß es im Winter und in der Nacht sehr kalt werden kann!

Das Klima des Mittelmeergebiets zeigt unserem nordwesteuropäischen, stark maritimen Klima gegenüber zwei Hauptunterschiede, die, abgesehen von allen anderen Wirkungen, auch für den Verkehr, nämlich die Art der Verkehrswege, ihren Bau, den Betrieb und die Betriebskosten, von Bedeutung sind. Es zeigt nämlich:

a) stärkere Extreme in Wärme und Kälte und in Trockenheit und Feuchtigkeit — beides ungünstig für die Verkehrsbedienung, und

b) durchschnittlich wesentlich geringere Niederschlagmengen — recht ungünstig für das wirtschaftliche Leben und hierdurch für die Verkehrsmengen und für die Binnenwasserstraßen.

Diese ungünstigen Verhältnisse werden um so kritischer, je weiter die Gebiete vom Atlantischen Ozean entfernt liegen; denn dieser beschert uns unser „schlechtes Wetter", d. h. unser günstiges Klima, aber er kann seinen klimatischen

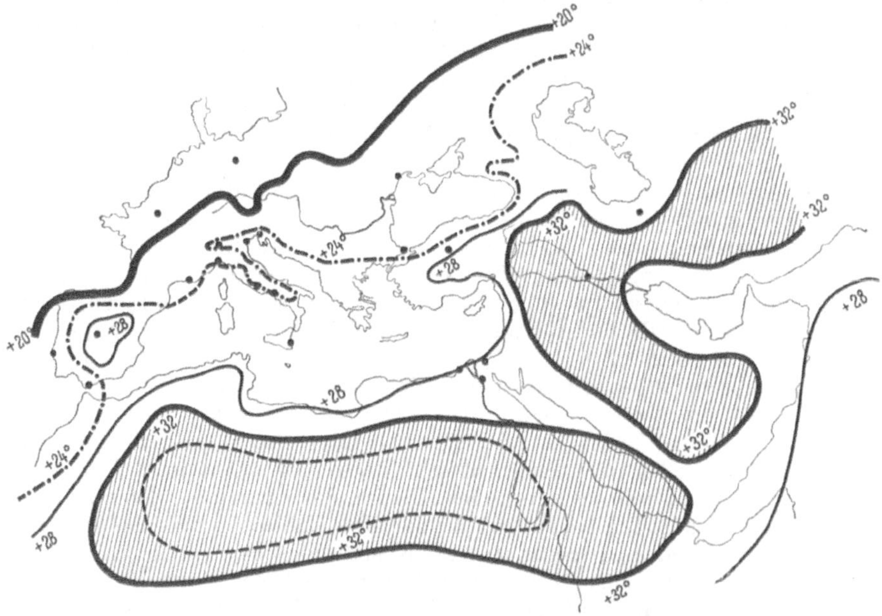

Abb. 2. Die Juli-Isothermen des Mittelmeerraums.

Einfluß in die Mittelmeerländer nicht weit hinein auswirken lassen. Insgesamt ist das Mittelmeerklima stark kontinental, und zwar um so stärker, je östlicher die Teilgebiete liegen.

Die Sommerwärme ist im Mittelmeergebiet, wie sich aus der die Juli-Isothermen in der Luft darstellenden Abb. 2 ergibt, größer als bei uns. Infolgedessen gedeihen hier eine Menge von „Südfrüchten", die wir nicht mehr anbauen können; im einzelnen sei auf Abb. 3 verwiesen, in der die nördlichen Grenzen wichtiger subtropischer Pflanzen angegeben sind. Die saharisch-arabische Tafel einschließlich des darob berüchtigten Roten Meeres und einzelne Teile Irans gehören zu den überhaupt heißesten (und außerdem trockensten) Gebieten der Erde.

Die Winterkälte ist in den Mittelmeergebieten viel stärker, als wir im allgemeinen annehmen, und auch hier werden die Verhältnisse um so kritischer, je weiter wir nach Osten gehen, da sich hier das kontinentale Klima mit den kalten Nordwinden aus Rußland-Sibirien und vom Kaukasus her auswirken kann. Abb. 4 zeigt den steilen Abfall der Januar-Isothermen von Nord nach Süd, wobei besonders auf die Isotherme $\pm 0^0$ hinzuweisen ist, die vom Nordkap (!) bis beinahe Istambul und dann sogar bis Buchara abfällt — und dabei ist die Juli-Isotherme Istambuls $+25^0$ und die Bucharas $+30^0$. Abb. 4 zeigt außerdem die starke Winterkälte Armeniens.

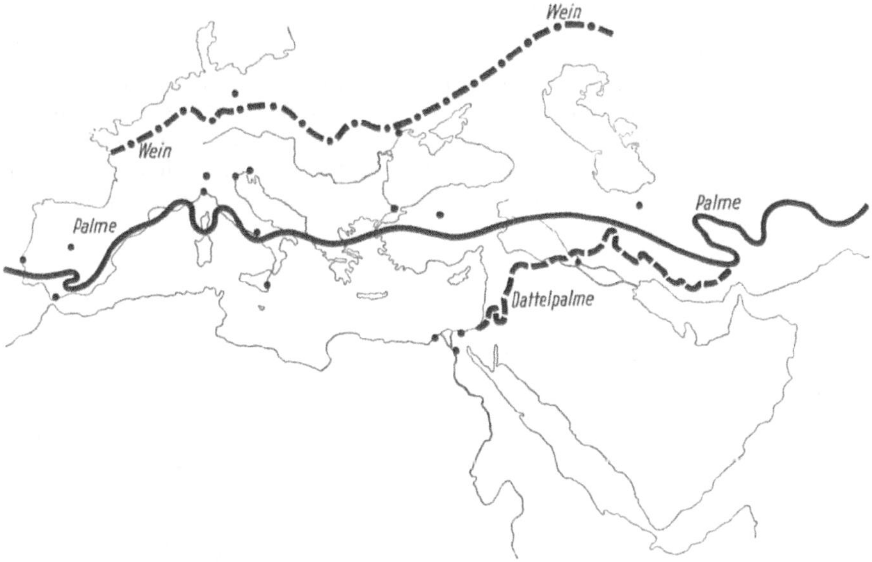

Abb. 3. Nördliche Grenze wichtiger Nutzpflanzen.

Die Niederschläge sind im Mittelmeergebiet durchschnittlich geringer als bei uns, und zwar nahmen sie gemäß Abb. 5 nach Osten zu stark, nach Süden (in die Sahara usw. hinein) fast vollständig ab. Ungenügend beregnet sind (außer den Steppen und Wüsten) das Innere Spaniens, der größte Teil von Sardinien,

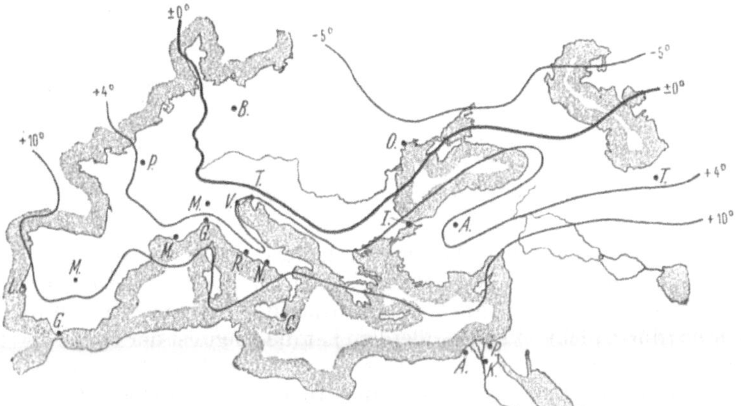

Abb. 4. Die Januar-Isothermen des Südostraums.

die Südostecke von Sizilien (!), der größte Teil der Atlasländer, das Innere von Syrien und Anatolien, das Zweistromland (!) und sogar die persische Südküste (!). Ungenügend beregnet sind außerdem in manchen Jahren Ungarn und Südrußland, also gerade die „Kornkammern“.

Die Ursachen dieser ungünstigen Verhältnisse sind schon erwähnt: der

Indische Ozean wirkt sich fast gar nicht, der Atlantische nur wenig aus, die die Feuchtigkeit der Winde erzeugenden Meeresflächen sind also zu klein. Dazu kommt noch im Sommer der ungünstige Umstand hinzu, daß das Meer kühler ist als das sonnendurchglühte Land, und daß sich daher die feuchten Winde über dem heißen Land nicht entladen. Es steht hier also dem regenreichen Frühjahr der regenarme Sommer gegenüber. Große Gebiete zeigen daher zwar im Frühjahr üppigste Fruchtbarkeit, nehmen aber schon von Juli ab Steppencharakter an; — gut schon im Innern Siziliens zu beobachten, noch charakteristischer in bestimmten Teilen Spaniens und Anatoliens. Die starken zeitlichen Schwankungen in den Regenmengen wirken sich, wie schon angedeutet, nicht nur für den Landwirtschaft und die Wasserversorgung für Mensch, Tier und Gewerbe, sondern auch für den Verkehr ungünstig aus. Sie zwingen die Be-

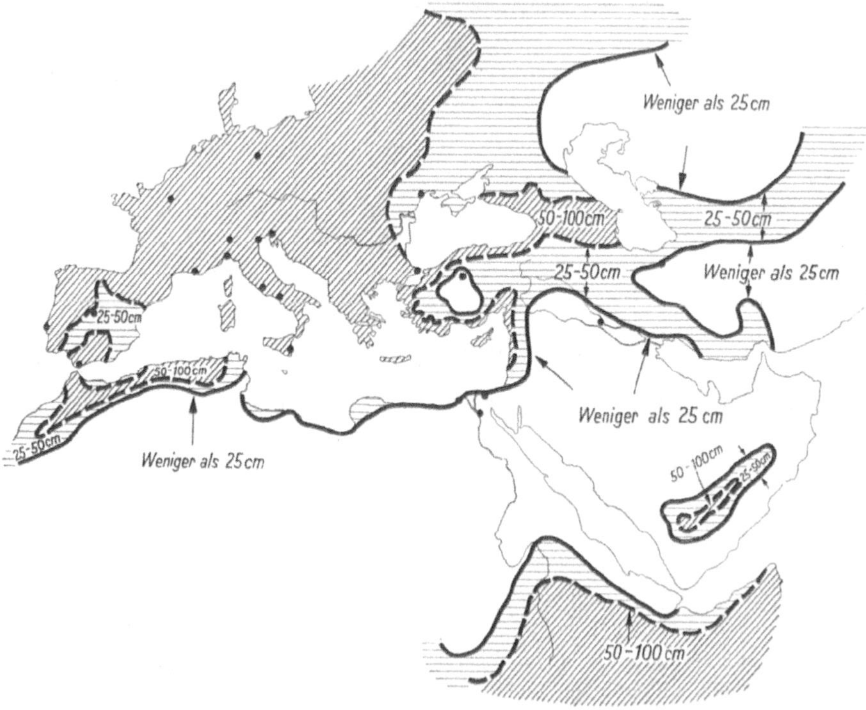

Abb. 5. Jährliche Niederschlagmengen je cm.

völkerung, sich ihnen namentlich in der Landwirtschaft, aber auch im übrigen Leben anzupassen; in vielen Gebieten können z. B. nur Früchte angebaut werden, die mit einer kurzen frühen Vegetationsperiode auskommen und daher unter der Sommerdürre nicht leiden. Außerdem hat die Ungunst der Natur die Menschen gezwungen, in sorgfältigster Weise Wasserwirtschaft zu treiben, also das kostbare Naß aufzuspeichern, den Flüssen zu entnehmen und tief aus der Erde herauszuholen. Da dies aber als bekannt vorausgesetzt werden darf, sei hier nur auf folgende Erscheinung aufmerksam gemacht, die für die kommende Wirtschafts- und Verkehrsentwicklung von großer günstiger Bedeutung ist:

In vielen Gebieten des Mittelmeeres waren in früheren Zeiten (Jahrhunderten und Jahrtausenden) die Wasserverhältnisse besser als sie heute sind. Das mag an einzelnen Stellen in einer natürlichen Klimaverschlechterung begründet sein; es ist z. B. nicht ausgeschlossen, daß die Nordgrenze der Syrischen Wüste im Laufe von zwei bis drei Jahrtausenden weiter vorgerückt ist und früheres

Fruchtland unter dem Sand begraben hat. Jedenfalls sind hier in der heutigen Wüste eine große Zahl von Hügeln festgestellt, von denen man annehmen muß, daß es vom Wüstensand verschlungene Siedlungen sind. Ein ähnlicher Vorgang wird für die römische Provinz Afrika, die einst eine der Kornkammern Roms gewesen ist, angenommen, vgl. das Verschlingen von Leptis magna durch den Sand der Sahara. Für die meisten Stellen muß man aber vermuten, daß es sich nicht um natürliche Vorgänge handelt, gegen die sich der Mensch nicht oder nur schwach wehren kann, sondern daß es sich um menschliche Einflüsse handelt, nämlich um die Vernachlässigung der Wasserwirtschaft und die Vernichtung des Waldes. Beide ergeben sich aus dem jahrtausendealten und in einzelnen Gebieten noch lange nicht beendeten Kampf zwischen Bauern- und Hirtenvölkern. Der Bauer, seßhaft, hegt und pflegt das Wasser als seinen kostbarsten Schatz, er schont auch den Wald, er läßt ihn wenigstens nicht durch die Ziegen verwüsten, weil für ihn nicht Ziege und Schaf, sondern Rind und Büffel die wichtigsten Tiere sind. Der Hirt aber zieht mit seinen Ziegen- und Schafherden nomadisierend umher; er opfert verständnislos den Wald der Ziege. Er bricht, ein guter Reiter, kühn und verwegen, in den Besitz des friedlichen Bauern ein; wenn er dann aber die reichen Bauernstaaten unterworfen und die Bevölkerung vernichtet oder zu Sklaven gemacht hat, steht er den Anforderungen der Wasserwirtschaft verständnis- und kenntnislos gegenüber.

Heute hat sich das aber geändert: Die maßgebenden Staaten haben die Fehler erkannt, und sie gehen energisch an die Wasserwirtschaft und die Wiederaufforstung heran, und hierbei stehen ihnen nun nicht nur die Kenntnisse des eigenen Landes und eine jahrhundertealte „handwerksmäßige" Überlieferung, sondern außerdem die Kenntnisse und Erfahrungen der Wissenschaften und die Machtmittel der neuzeitlichen Technik (Talsperren, Pumpen, Elektrizität) zur Verfügung, und es ist daher damit zu rechnen, daß an vielen Stellen von einer extensiven zur intensiveren Wirtschaft übergegangen wird, daß also die Erträge gesteigert, daß Ödland wieder in Fruchtland umgewandelt wird, und daß neue Kulturen (z. B. Baumwolle) eingerichtet werden. Daß hier Großes geleistet werden kann, zeigt das neue Ägypten, daß man hierbei aber auch Fehler machen kann, indem man einseitig das zeitweilig lohnendste Gut (Baumwolle) anbaut, dafür aber nicht genug Nahrungsmittel erzeugt und sich in dieser Beziehung in Abhängigkeit vom Ausland begibt, zeigt auch Ägypten. Für die Verkehrsentwicklung darf man jedenfalls damit rechnen, daß die Erträge der Landwirtschaft im Zeichen planmäßiger Wasserwirtschaft zunehmen werden, daß aber innerhalb desselben Staates die Landwirtschaft nicht einseitig betrieben wird, sondern daß jeder Staat sie so vielseitig entwickeln wird, daß die Ernährung von Mensch und Tier und die Versorgung der lebenswichtigen Gewerbe (auch beim Abschneiden aller Zufuhr) sichergestellt sind. — Was die einseitige Bevorzugung bestimmter, wenn auch sehr lohnender Erzeugnisse und die Vernachlässigung der Ernährungsbasis für Schaden stiften kann, haben die Südstaaten im Sezessionskrieg erlebt, in dem sie durch den berüchtigten Abwürgungs-(Anakonda-) Plan der Nordstaaten von allen Zufuhren abgeschnitten wurden, nun aber sich von Baumwolle und Tabak nicht ernähren konnten[1].

Von größter Bedeutung für die klimatischen und damit für die wirtschaftlichen und politischen Verhältnisse der Mittelmeerländer ist der Unterschied zwischen den Rand- und den Binnengebieten, und da dieser Unterschied

---

[1] Der deutsche Ingenieur, der als Verkehrstechniker etwa zum Eisenbahnbau in den Orient geht, sollte immer darauf gerüstet sein, daß sein Rat auch in wasserwirtschaftlichen Fragen erbeten wird, und daß klare und genaue Antworten und Vorschläge erwartet werden; er muß also über die notwendigen Kenntnisse — namentlich auch in der Geologie! — verfügen. Nirgendwo wird man, sobald man als Bauingenieur erkannt ist, so viel über Wasser gefragt als im wasserarmen Orient.

auch für den Verkehr von größter mittelbarer und unmittelbarer Bedeutung ist, so sei hierauf etwas näher eingegangen:

Jeder vom Meer (oder auch von großen Tiefebenen) umgebene, in sich geschlossene Raum, also in erster Linie die Kontinente und die großen Inseln und Halbinseln, haben ein Innen und ein Außen. Das Innen ist das vom Meer weit entfernte Innengebiet, das im Klima — und in seiner verkehrsgeographischen Struktur — kontinentale (ländische) Züge aufweist und daher auch in der Wirtschaft, Staatenbildung und Politik kontinental orientiert ist. Das Außen sind die Randgebiete, die ozeanische (meerische) Züge tragen.

Fast immer sind die Randgebiete gegenüber den Innengebieten bevorzugt, und zwar in doppelter Beziehung: Durch ihr besseres Klima und durch ihre günstigeren Verkehrsverhältnisse. Das ozeanische Klima bringt die notwendige Feuchtigkeit und mildert die Temperaturschwankungen. Das Meer als billigste und beste Straße der Welt verbindet die einzelnen Teile des Küstengebiets untereinander und mit aller Welt; allerdings gewährt es auch dem Feind und Seeräuber und verderblichem fremden Einfluß bequemsten Einlaß. Dagegen ist das Innengebiet klimatisch durch die meist geringere Feuchtigkeit und die stärkeren Temperaturschwankungen und verkehrstechnisch benachteiligt.

Die Unterschiede werden gemildert:

wenn das Land einigermaßen gleichmäßig und nur schwach ansteigt;

wenn die etwa vorhandenen Randgebirge niedrig sind oder tiefe breite Sättel aufweisen, so daß die Regenwinde eindringen können;

wenn im Innern des Landes hohe Gebirgszüge vorhanden sind, an denen sich die Regenwinde entladen (vgl. den Nordhang der Alpen und den Südhang des Balkan und der Karpathen; auch in Anatolien gibt es vereinzelt solche Gebirgsstöcke);

wenn gute schiffbare Ströme vom Meer in das Landesinnere hineinführen, in deren Tälern auch die Eisenbahnen billig gebaut und betrieben werden können; dies ist im Mittelmeergebiet im allgemeinen aber nicht der Fall.

Dagegen werden die Unterschiede zwischen Rand- und Innengebiet verschärft:

wenn hohe Randgebirge das Landesinnere gegen das Meer und die Regenwinde abriegeln, vgl. vor allem die Dinarischen Alpen; und

wenn die Flüsse und ihre Täler schlecht entwickelt sind.

Die Unterschiede zwischen wirtschaftlich wertvollen Randgebieten und ungünstigen Innengebieten kann zu einer gefährlichen Schwächung des Staates vom politischen und strategischen Standpunkt führen; denn die wertvollen Randgebiete liegen dann dem Zugriff des Angreifers offen, während der Verteidiger aus dem wirtschaftlich schwachen Innengebiet nicht die notwendigen Mittel herausholen kann; — vgl. hierzu die gefährliche Lage all der (Kolonial-) Staaten, deren große Städte an der Küste liegen, vgl. zu der Gesamtfrage jenes weise Wort: „Die Randgebiete Asiens, d. h. die Monsunländer sind der Goldsaum am Bettlergewand Asiens."

Da wir vorstehend hauptsächlich das Klima des Mittelmeerraums behandelt haben, das des Donauraums aber naturgemäß Abweichungen zeigt, so sei über dessen Klima noch besonders zugegeben:

Das Klima des Donauraums kennzeichnet ihn als einen Teil der „mitteleuropäischen Klimaprovinz". Da zu ihr auch Westdeutschland mit seinem uns bekannten Klima gehört, genügen hier folgende Bemerkungen:

In Südosteuropa nehmen die Klimaextreme (in Wärme und Kälte, Feuchtigkeit und Trockenheit) von West nach Ost zu. Während der Westen noch unter dem ausgleichenden Einfluß des Atlantischen Ozeans steht, werden nach Osten hin die Einwirkungen des kontinentalen Steppenklimas immer stärker. Die Wärme zeigt im Jahresdurchschnitt gegen Westeuropa keinen großen Unterschied, die Sommer sind aber wärmer und insbesondere sind die Winter, wie sich aus Abb. 6 ergibt, kälter; es kommt dies besonders in der Januar-Isotherme von 0^0 scharf zum Ausdruck.

Diese Extreme, die uns Westeuropäern so wenig bekannt sind, beeinflussen naturgemäß die Wirtschaft und den Verkehr stark. In weiten Gebieten ist der Anbau von Winterweizen nicht möglich bzw. bisher nicht üblich. Die Wasserführung der Flüsse ist unregelmäßig, die Eisbedeckung dauert lange, der Wassermangel in den trockenen Jahreszeiten erschwert den menschlichen Haushalt, die Wasserversorgung der Städte, die Land- und Viehwirtschaft und sogar den Eisenbahnbetrieb. Die Hochwasser und Schneestürme sind dem Verkehr gefährlich, die Wasserkräfte recht unzuverlässig; die Hitzewellen sind der Gesundheit von Menschen und Tieren abträglich und lähmen die Arbeitskraft. Die ungünstigen Klimaeinflüsse werden — namentlich bezüglich des natürlichen Wasserhaushaltes — durch die in vielen Gebieten erschreckende Waldverwüstung verschlimmert.

Aus dem eigentlichen Donaugebiet sind vom klimatischen Standpunkt aus vier Landschaften auszusondern:

1. Das Alpengebiet mit seinem Hochgebirgsklima, dessen lähmende Einwirkung auf die Wirtschaft und dessen gefährliche und verteuernde Einwirkungen auf den Verkehr uns bekannt sind. Von der Ostmark gehörten etwa 70% der Fläche dazu; es wohnen hier aber nur etwa 25% der Bevölkerung, und die Bevölkerungsdichte beträgt nur etwa 32 Einw./qkm.

2. Die Küstengebiete an der Adria und

3. am Ägäischen Meer haben Mittelmeerklima in der Form des Rivieraklimas; hier gedeihen Palmen, Reis und Südfrüchte. Hier werden die Küstengewässer von bösen Fallwinden heimgesucht, die kleinen Schiffen gefährlich sind und auch den großen Dampfern starke Verspätungen verursachen können.

4. Das Mündungsgebiet der Donau gehört schon zum pontischen Steppenklima; seine Landwirtschaft ist durch Trockenheit stark bedroht, seine Winter können sehr streng sein und lange Eisbedeckung hervorrufen.

Im Innern bildet das südöstliche Ungarn eine klimatische Subprovinz mit stark kontinentalen Wesenszügen; auch hier kann die Trockenheit der Landwirtschaft gefährlich werden.

II. Die wirtschaftlichen Grundlagen.

A. Das Pflanzenkleid.

Das Pflanzenkleid der Mittelmeerländer und des südöstlichen Donauraums weicht mehr oder weniger stark von dem des übrigen Europa ab, und es sind daher auch die Grundlagen für die Forst- und Landwirtschaft, den Obst- und Weinbau und die entsprechenden Gewerbe verschieden.

Im natürlichen Pflanzenkleid der Mittelmeerläder ist die charakteristischste Erscheinung die Waldarmut und die Waldverwüstung; sie ist für die Wirtschaft ungünstig, für den Verkehr in gewissen Beziehungen richtungweisend. Das Gebiet war ursprünglich wohl weithin mit Wald bedeckt, aber der Wald war schwächer als unser nordischer Wald: er war lichter, die Bäume waren kleiner, das Unterholz weniger entwickelt. Und dann hat eine mehrtausendjährige Kultureinwirkung den Wald verbraucht. Vielfach wurde die Waldverwüstung durch besondere Umstände beschleunigt, namentlich durch den starken Bedarf an Bauholz für Pfahlgründungen und Schiffe und an Brennholz. Statt des Waldes sind weite Gebiete von der Macchie überwuchert, einem dichten Gestrüpp aus vielen Arten immergrüner Sträucher. — Die Waldverwüstung können wir wohl am besten in Dalmatien studieren, wo die Verkarstung erschreckend weit vorgeschritten ist[1].

Für die Nutzpflanzen kann man, namentlich im Hinblick auf ihre geographische Verteilung und demgemäß auf das örtliche Aufkommen der aus der Pflanzenwelt stammenden Verkehrsgüter — folgende Gliederung vornehmen, die hauptsächlich von den Niederschlägen, der Rand- und Binnenlage und dem Höhenaufbau ausgeht:

a) Gebiete mit Regen,

bei denen aber u. U. künstliche Bewässerung zur Ergänzung und zur Rationalisierung der natürlichen Wasserverhältnisse hinzukommt, und zwar:

1. Gebiete mit Frühjahrs- und mit Sommerregen; in ihnen gedeihen Pflanzen, deren Hauptvegetationszeit im Sommer liegt; zu nennen ist hier vor allem der Mais.

2. Gebiete ohne Sommerregen; in ihnen gedeihen ohne künstliche Bewässerung die drei Hauptgewächse, die von alters her die Grundlage der bäuerlichen Wirtschaft der Mittelmeerländer bilden und die wichtigsten Handelsgüter gewesen sind: Weizen, Oliven und Wein. Der Weizen (Winterweizen) wird hier reif, ehe die Sommerdürre einsetzt, er wird bei Rom schon Anfang Juli, bei Neapel Anfang Juni, auf Sizilien Ende Mai (!) geerntet; der Ölbaum und der Weinstock holen sich auch während der Dürre das notwendige Wasser aus dem Untergrund.

In die gleichen Gebiete ohne Sommerregen (bzw. in bestimmte Teile von ihnen) hat der Mensch aber auch Nutzpflanzen eingeführt, die der Sommerhitze zum Reifen bedürfen, die aber die Sommerdürre nicht ertragen, die also der künstlichen Bewässerung (als Zusatz) bedürfen; außerdem können sie starke Kältegrade nicht ertragen, sie sind also der Nähe des im Winter wärmenden Meeres bedürftig; und schließlich sind sie an niedrige Höhen gebunden. Es sind die mittelmeerischen Edelfrüchte: Zitronen, Apfelsinen, Feigen, Mandeln, dazu auch Tabak und sogar Zuckerrohr, die in den prachtvollen Fruchthainen der schmalen Küstensäume in sorgfältigster Gartenkultur gezogen werden und zusammen mit Obst und Gemüse für viele Gebiete die wichtigste wirtschaftliche Grundlage und den bedeutendsten Teil ihrer Ausfuhr darstellen. Vom Verkehrsstandpunkt ist hierbei zu beachten, daß diese Ausfuhrgüter, da sie an der Küste wachsen, zwar mit kurzen Überlandtransporten das Meer erreichen, aber hohe Anforderungen an die Güte der Beförderung (Schnelligkeit, Pünktlichkeit) stellen.

b) Gebiete ohne Regen.

Steppen, die fast regenlos sind, treten in kleinen Flächen schon in Spanien auf, aber auch auf dem Balkan; beherrscht werden von der Steppe weite Gebiete des anatolischen Hochlands, des inneren Syrien und des Zweistromlands. In ihnen und in den Wüsten ist Ackerbau nur bei künstlicher Bewässerung möglich; die gewaltigen Leistungen früherer Zeiten sind bekannt. Erzeugt werden vor allem die für den Verkehr lohnenden Massengüter Getreide und Baumwolle. Wo immer jetzt die künstliche Bewässerung energisch in Angriff genommen wird, ist der Verkehrstechniker berechtigt, mit einer künftigen starken Zunahme der Verkehrsmengen und des allgemeinen Wohlstands zu rechnen.

Hierzu sei noch angeführt:

Da der Westen der Mittelmeerländer besser beregnet ist als der Osten, und da im Westen ohne künstliche Bewässerung die drei obengenannten, so bedeu-

---

[1] Eine auch für den Verkehr wichtige Folge der Holzarmut sind die Bevorzugung des Steinbaus und die außergewöhnlich guten Leistungen der Steinbautechnik; von ihnen muß der Ingenieur für seine Hoch- und namentlich für seine Brückenbauten Gebrauch machen. — Es ist bezeichnend, daß sich keine Eisenbahnverwaltung so eifrig um die (Eisen-) Betonschwelle bemüht wie die italienische.

tungsvollen Hauptgewächse: Weizen, Oliven und Wein angebaut werden können, so konnte im Westen der freie, mit der Scholle verwurzelte Bauer entstehen, und diese so günstige Tendenz wurde noch durch die Anlage der Fruchthaine mit der in ihnen notwendigen hochentwickelten Gartenkultur verstärkt. Im Osten wirkt sich dagegen die Zwangsberieselungswirtschaft der riesigen Flächen stark nach der Richtung des Großgrundbesitzes aus. In diesem Unterschied liegt hauptsächlich und ursprünglich die Verschiedenheit zwischen der „europäischen“ und der „orientalischen“ Welt begründet. — Daß man auch im Westen vielfach zur Latifundienwirtschaft übergegangen ist, ist nicht natürlich begründet, sondern wider die Natur geschehen, und es hat sich im Untergang des Römischen Weltreichs bitter gerächt: aber am übertriebenen Großgrundbesitz kranken heute noch viele Länder des Mittelmeerraums, namentlich Spanien, Unteritalien—Sizilien und Rumänien. Hier sind die Agrarverhältnisse und hiermit die wirtschaftlichen, sozialen, kulturellen und innerpolitischen Zustände vielfach deshalb besonders ungünstig, weil die Großgrundbesitzer nicht mehr auf dem Land, sondern in der Großstadt wohnen und ihren Besitz an spekulativ eingestellte Großpächter verpachten, die ihn dann an die Kleinpächter weiterverpachten. Hiergegen kämpfen jetzt die Regierungen an.

Die außerordentliche Bedeutung des Wassers für die künstliche Bewässerung der schon in Kultur stehenden Gebiete und neuer in Kultur zu nehmender Gebiete muß auch, wie oben angedeutet, zu politischen Auseinandersetzungen führen.

Über die Pflanzenwelt des mittleren und unteren Donauraums seien noch folgende Einzelangaben gemacht:

Da das Klima dem Westeuropas ähnlicher ist als im eigentlichen Mittelmeergebiet, so zeigt auch die Wirtschaft größere Ähnlichkeit. In vielen Teilgebieten ist die Wirtschaft aber, hauptsächlich durch Schuld der Politik, nicht so hoch entwickelt wie in Westeuropa, und außerdem ist sie, je weiter man nach Osten kommt, durch die skizzierten klimatischen Einflüsse erschwert und gefährdet.

Die Forstwirtschaft — für viele Gebiete kann man aber noch nicht von Forstwirtschaft, sondern nur von Waldnutzung sprechen — liefert alle wichtigen Laub- und Nadelhölzer, und zwar so reichlich, daß der Gesamtraum eine starke Ausfuhr leisten kann. Die einzelnen Staaten sind aber sehr ungleich gestellt: das einst so waldreiche Ungarn hatte nach seiner Verstümmelung (bis Herbst 1938) nur 12 % Waldfläche und mußte daher Holz einführen; dies dürfte aber jetzt ausgeglichen sein. An großer Waldarmut kranken ferner weite Teilgebiete Serbiens und Bulgariens. Hier ist früher schon seit den Zeiten der Römer und Venezianer und dann besonders unter der Türkenherrschaft der Wald vernichtet worden. Die Staaten forsten nun zwar (ähnlich wie Italien) zielbewußt auf, diese Arbeit aber — mag sie noch so zäh und zweckmäßig durchgeführt werden — kann natürlich erst in Jahrzehnten Früchte tragen; das sollte man bei allen Fragen der Wasserwirtschaft, des Verkehrs und des Siedlungswesens nicht vergessen.

Die Landwirtschaft gründet sich in erster Linie auf den Getreidebau, und zwar auf Weizen, Mais, Gerste und im Südosten auf Reis. Der Gesamtraum ist das wichtigste Getreideüberschußgebiet Europas, es fließt daher ein großer Getreidestrom nach Westeuropa. Ein erheblicher Teil der Getreideernte dient der Viehwirtschaft, besonders der Schweinezucht. Die Erzeugung wird künftig stark zunehmen; sie ist bisher wegen des Mangels an Arbeitskräften und Kapital vielfach noch extensiv; auch die vielen Kriege und die Waldverwüstung haben sich bitter gerächt. Da die Erzeugung voraussichtlich schneller steigen wird als die Bevölkerung, ist mit steigender Getreideausfuhr zu rechnen; dies ist für den Ausbau des Verkehrsnetzes zu beachten.

Außer dem Getreide erzeugt Südosteuropa alle Feld- und Gartenfrüchte, ferner Obst, Nüsse und Weintrauben, dazu Zuckerrüben, Flachs, Hanf, Ölfrüchte, Tabak, Baumwolle, Südfrüchte und Sojabohnen, vieles in ausgezeichneten Sorten, denn die Bewohner sind sehr fleißige und geschickte Bauern, Gärtner und Winzer. Die Regierungen leisten Hervorragendes in der Weiterbildung der Bauern, in der Veredelung der Sorten, der Verbesserung der Wasserwirtschaft und der Böden sowie in der Pflege des Genossenschaftswesens. Fast alle diese Erzeugnisse bedürfen der Ausfuhr, da die Erzeugung für das eigene Land zu groß ist. Der wichtigste Abnehmer ist Deutschland, das aber seine Einfuhr aus dem Südosten gerade in diesen Gütern noch erheblich steigern kann. Da es sich dabei nicht so sehr um notwendige Nahrungsmittel und Textilgrundstoffe, sondern um Genußmittel handelt, ist ein allzeit kaufwilliger und kaufkräftiger Abnehmer von besonderer Bedeutung. Vom verkehrstechnischen Standpunkt aus ist zu beachten, daß viele dieser Güter empfindlich und daher eilbedürftig sind, daß sie aber keine hohen Beförderungskosten tragen können; für sie kommt daher nur die Eisenbahn in Betracht.

B. Die Tierwelt.

Über die Nutztiere des Mittelmeergebiets genügen folgende Angaben:

Abgesehen von den an bestimmte Gegenden gebundenen großen Tieren, Kamelen, Pferden, Rindern, Büffeln, die neben Eseln und Maultieren auch für die Verkehrsbedienung wichtig sind, ist die Viehwirtschaft hauptsächlich auf die kleinen Tiere, Ziegen und Schafe, gerichtet; sie sind die Hauptlieferanten von Fleisch, Fett und Fellen. Die Bewirtschaftung ist extensiv. Die Hirten ziehen vielfach nomadisierend umher, und da Feld- und Viehwirtschaft oft getrennt sind, kommt es oft zu den oben angedeuteten Auseinandersetzungen zwischen Bauern und Hirten. Der Mangel an Rindern hat einen Mangel an Dung zur Folge, worunter die Landwirtschaft naturgemäß leidet; in neuerer Zeit bringt die Einfuhr von künstlichen Düngemitteln in einzelnen Gebieten eine Belebung des Verkehrs. Wichtig, namentlich auch für die Ausfuhr, ist die Bienen- und Seidenraupenzucht. Sehr groß ist die Bedeutung der Seefischerei, zu der auch die Schwammfischerei gehört.

In den Donauländern bringt die Tierzucht so viele Erzeugnisse, daß eine starke Ausfuhr möglich ist; in Betracht kommen Pferde, Rinder, Schweine, Geflügel, Fleisch, Fett, Butter, Käse, Eier, Häute, Leder, Honig, Fische, Kaviar und Rohseide. Auch diese Güter sind größtenteils empfindlich oder leicht verderblich, daher eilbedürftig und stellen somit an die Eisenbahn besonders hohe Anforderungen.

C. Gewerbliche Tätigkeit und Bodenschätze.

Die Gewerbe der Mittelmeervölker haben sich in tausendjähriger Überlieferung aus dem Handwerk entwickelt. Sie stützen sich in ihrer stofflichen Grundlage auf bestimmte Erzeugnisse der Landwirtschaft und Tierzucht (Wein, Öl, Wolle, Seide, Leder), auf die guten Natursteine (Marmor) und Erden und auf die Metalle (Kupfer, Zinn, Silber, auch Eisen, Blei und Quecksilber), ferner auf Schwefel und Salz; Baumwolle wird heute als der Menge nach wichtigster Rohstoff der Textilindustrie in die meisten Länder eingeführt, aus Ägypten aber ausgeführt. Neben diesen Stoffgrundlagen ist aber die menschliche Arbeitskraft der wichtigste Faktor: Die tausendjährige Tradition hat die gewerblichen Techniken immer mehr verfeinert und die Geschicklichkeit und den guten Geschmack der Männer, Frauen und Mädchen ungewöhnlich stark gesteigert; die Gewerbe gehen daher vielfach in Kunstgewerbe über, vergleiche die feinen Wollgewebe, die Seidenwaren, die Stickereien, die Marmor- und anderen Steinmetzarbeiten, die Metallverarbeitung, die Waffen, die kunstgewerblichen Lederarbeiten, die Teppichknüpfung.

Neben diesen auf die Erzeugung von hochwertigen und Luxuswaren gerichteten Gewerben hat sich aber bisher die eigentliche Groß- und Schwerindustrie (außer in Italien und einzelnen Gebieten Spaniens) im Mittelmeerraum noch nicht entwickelt; Schuld hieran trägt der Mangel an Kohle und die größere Anspruchslosigkeit der Bevölkerung. Infolgedessen werden heute noch Rohstoffe (Eisenerze, Wolle, Tabak, auch Baumwolle) zur Weiterverarbeitung ausgeführt, hauptsächlich nach Nordwesteuropa. Dagegen müssen viele Industrieerzeugnisse — und Kohlen! — eingeführt werden; die wichtigsten Einfuhrwaren sind Baumwoll-, Stahl- und Wollwaren, Maschinen, Zucker (!), Papier, Tee, Kaffee und Kakao, Chemikalien und natürlich Kohlen.

Das Mittelmeergebiet steht aber zur Zeit bezüglich der Industrialisierung an einem Wendepunkt: es geht eine starke Industrialisierungswelle durch alle diese Staaten. Die Gründe hierfür sind: man will die Abhängigkeit von der Industrie und dem Kapital Nordwesteuropas und Nordamerikas abschütteln; insbesondere will man unabhängig werden von der fremden Kohle — durch Erschließung der eigenen Kohlenfelder (Türkei), durch die Ausnutzung von Wasserkräften und vor allem durch das Öl; außerdem will man die „Rüstungsindustrie" möglichst weit entwickeln, seitdem die „Materialschlachten" gezeigt haben, daß Waffen, Munition, Verkehrsmittel u. U. noch wichtiger sein können als Menschen; man will die eigenen Erzeugnisse (Wolle, Tabak, auch Baumwolle und Erze) selber verarbeiten, vergleiche als Parallelerscheinung die Abwanderung der Baumwollindustrie aus den Neu-England-Staaten in die die Baumwolle erzeugenden Südstaaten. Die Staatslenker und Wirtschaftsführer des Mittelmeergebiets haben viel Mut und Zutrauen zu dieser Industriepolitik, und sie werden wohl nicht enttäuscht werden[1].

Der Donauraum zeigt an mineralischen Rohstoffen viele Vorkommen von wertvollen Steinen und Erden, dazu eine große Fülle von Erzen. Er ist verhältnismäßig arm an Brennstoffen, so daß insgesamt eine gewisse Einfuhr von Kohlen notwendig ist. Von größter Bedeutung sind die Ölvorkommen in Rumänien. Insgesamt ist die Ausbeute, namentlich der Erze, noch wenig entwickelt, es gibt daher auch noch keinen ausgesprochenen Gütermassenverkehr wie in Westeuropa, aber die Zukunftschancen sind gut, wenn man sie auch nicht übertreiben sollte.

Von den Gewerben steht das Handwerk in den meisten Gebieten Südosteuropas seit alters her in hoher Blüte; vielfach geht es in Kunstgewerbe über. Bekannt sind uns aber im allgemeinen nur die Arbeiten der Frauen (Stickereien usw.), weniger bekannt ist, wie geschickt die Männer in Stein, Holz, Leder und Metallen arbeiten; teilweise ist hier noch der Einfluß des alten Byzanz und seines Kunstgewerbes zu spüren. Die hohen Fertigkeiten kommen dem Aufbau eigener Industrien, der Wehrmacht und dem Verkehr gut zu statten.

[1] Bei der Abschätzung der hierfür vorhandenen Chancen sollten wir Nordwesteuropäer nicht in den immer wieder zu beobachtenden Fehler verfallen, daß wir selbstsicher auf die gewerblichen Fähigkeiten und Charaktereigenschaften der südlichen Völker und der „Orientalen" herabsehen. Wir schreiben uns mehr Unternehmungsgeist, Arbeitsfreude, Lernbegierde, Ausdauer, Zuverlässigkeit zu; insbesondere sind die Leute, die nie im Orient gewesen sind, mit solchen Werturteilen schnell bei der Hand. Aber wir sollten mit solchen Urteilen etwas vorsichtiger sein. Was den Unternehmungsgeist anbelangt, so haben im Mittelmeerraum immer typische Handelsvölker gesessen, die sich an kaufmännischen Fähigkeiten von keinem anderen Volk übertreffen lassen; was Arbeitsfreude und Fleiß anbelangt, so treten uns dort allerdings gewisse Arten von Zeitvertreib recht augenfällig entgegen, die wir durch die reichlich unhöflichen Bezeichnungen „Nichtstun, Herumlungern, Faulenzen" usw. kritisieren; für uns selber aber haben wir für ungefähr dieselben „Tätigkeiten" recht vornehme Bezeichnungen, z. B. „Dinieren, Soupieren, Fünf-Uhr-Tee, Bridge" usw. Und was die Kapitalkraft anbelangt, die jenen Ländern noch mangelt, so sollten wir doch nicht vergessen, daß das internationale Kapital nach Volk und Vaterland nicht fragt; ohne Rücksicht auf das eigene Volk verlegt es die Produktion in die Gebiete, in denen man billige Arbeitskräfte hat, mag auch der Arbeiter und Bauer des eigenen Vaterlands zugrunde gehen.

Die gewerbliche Tätigkeit baute sich früher in erster Linie auf den pflanzlichen und tierischen Grundstoffen auf. Die Textilindustrie beruht auf Flachs, Hanf, Seide und Wolle, neuerdings auch auf Baumwolle. Daneben ist die Herstellung von Lederwaren, Mehl, Teigwaren, Konserven, Zigaretten und Rosenöl zu nennen; bedeutend ist in Teilgebieten die Holz- und Zuckerindustrie. Die mineralischen Rohstoffe haben Ziegeleien, Steinbrüche, Zementfabriken und viele kleine Bergwerke entstehen lassen. Nicht zu vergessen sind auch die gerade vom Verkehrsstandpunkt aus so wichtigen Heilquellen.

Aber die von der Natur gegebenen Möglichkeiten sind bisher durchschnittlich nur schwach ausgenutzt. Dies ist je nach den verschiedenen Teilräumen geschichtlich und wirtschaftspolitisch begründet.

Die Habsburger Monarchie hatte nämlich an der Industrialisierung ihrer südöstlichen Reichsteile nur insoweit Interesse, als das örtliche Bedürfnis dieses erforderte, denn die Welt stand damals unter dem Zeichen der schrankenlosen Weltwirtschaft, die viele Roh-, Grund- und Halbstoffe aus Übersee in beliebigen Mengen billig anbieten konnte. Die Industrie beschränkte sich also im Südosten der Monarchie auf Sägewerke, Möbelfabriken, Ziegeleien, Steinbrüche, Zementwerke, Gerbereien, Mühlen, Zuckerfabriken u. dgl. Die selbständigen Staaten waren durch die vielen Kriege an Volkskraft so geschwächt und an Kapital so arm, daß sie große Industrien nur mit Hilfe des internationalen Kapitals hätten schaffen können; dieses sah aber, abgesehen vom rumänischen Öl, noch nicht genügend Chancen, um die Balkanländer zu erschließen (d. h. auszuplündern).

Heute wird von den Regierungen zielbewußt an der Hebung der Gewerbe und des Bergbaues und an der Schaffung von Industrien gearbeitet. Man geht dabei sehr behutsam vor, denn man will nicht in die Abhängigkeit von fremden Kapitalisten geraten und will die furchtbaren Folgen vermeiden, die in Westeuropa und dem östlichen Nordamerika durch die überschnelle Industrialisierung entstanden sind (Landflucht, Niedergang der Landwirtschaft und des Bauerntums, Verstädterung, Riesenstädte). Man will ein gesundes Volk von Bauern und Hirten bleiben und dem Volk sein gesundes Siedlungswesen erhalten. Klein- und Mittelgewerbe soll sein, auch Großindustrie, aber im langsamen, harmonischen Aufbau, dazu die Industrie, die für die Landesverteidigung notwendig ist.

III. Die geschichtliche Entwicklung des Verkehrs.

Einleitung.

Obwohl der Mittelmeer- und der Donauraum in ihrer gesamten geschichtlichen Entwicklung starke Verknüpfungen zeigen, ist es für unsern Zusammenhang zweckmäßig, die beiden Räume für die Geschichte ihrer Verkehrsentwicklung getrennt zu behandeln. Wenn wir uns nämlich bei der Erörterung bestreben, die für die Verkehrsprobleme der Gegenwart bedeutungsvollsten — und vor allem die lehrreichsten! — Vorgänge hervorzuheben, so ergibt sich, daß wir beim Mittelmeerraum räumlich mehr den Weltverkehr und zeitlich mehr das Altertum und Mittelalter hervorheben müssen, während für den Donauraum mehr sein Binnenverkehr und die Neuzeit betont werden müssen.

Hierzu noch zwei Vorbemerkungen:

1. Bei Untersuchungen verkehrsgeographischer Art darf man nicht in die Einseitigkeit verfallen, alles nur aus den geographischen Gegebenheiten erklären zu wollen. Im Verkehr (und in dem mit ihm so eng zusammenhängenden Siedlungswesen), desgleichen in den wirtschaftlichen und politischen Fragen

treten nämlich zwei unter sich stark verschiedene Erscheinungen in Beziehungen zueinander:

a) eine (fast) unveränderliche Größe, nämlich das geographisch Gegebene und

b) eine stark veränderliche (anpassungsfähige, schaffende und kämpfende) Größe, nämlich der Mensch.

Es muß daher immer der Mensch (die menschliche Gemeinschaft, das Volk, der Staat) mit berücksichtigt werden, — der Mensch mit seinem Wollen und seinem Können. Wo kein Mensch ist, der etwas will, bleiben die günstigsten geographischen Grundlagen unausgenutzt; wo aber ein Mensch da ist, der etwas will und etwas kann, werden auch die ungünstigsten geographischen Verhältnisse überwunden und aus unbedeutenden Fleckchen Machtzentren von weltpolitischer Bedeutung geschaffen, vgl. Hongkong und Singapore und heute so manche Koralleninsel im Großen Ozean.

2. In der politischen und Verkehrsgeschichte spielen — neben dem noch stärkeren Meer — vielfach bestimmte Flüsse eine Rolle, jedoch von stark unterschiedlicher Bedeutung. Die staatenbildende Kraft der Flüsse ist nämlich verschieden stark; sie ist z. B. immer groß gewesen bei Tigris, Euphrat und Nil, aber klein bei der Donau; Mesopotamien und Ägypten sind immer „Flußstaaten" (oder Flußfadenstaaten) gewesen; die Donau hat aber nie die Kraft besessen, einen einheitlichen Staatsraum zu schaffen. Fragen wir, worin dieser Unterschied, der für die Ausgestaltung des gesamten Verkehrsnetzes, also für eine zielsichere Ausrichtung der Verkehrspolitik von großer Bedeutung sein muß, begründet ist, so ergibt sich:

Die staatenbildende Kraft der Flüsse ist vom geographischen Standpunkt:

um so kleiner, je mehr der Fluß große Krümmungen macht (Main, Weser), je mehr er sich aus verschiedenartigen Teilstrecken zusammensetzt, je weniger einheitlich er also als Verkehrsweg ist, und je mehr sein Verkehr angezapft wird;

um so größer, je gestreckter der Fluß verläuft, je einheitlicher der Fluß selbst und die von ihm durchströmte Landschaft ist (vgl. den Nil) und je besser das von dem Fluß und seinen Nebenflüssen erschlossene Gebiet abgerundet ist; sie ist besonders groß, wenn mehrere Flüsse in demselben Raum zusammenfließen, so daß hier ein Zentralraum entsteht, der zur Kernlandschaft des sich bildenden Staates wird, vgl. die Mark Brandenburg und (als schönstes Beispiel) das Seine-Becken.

Vom geschichtlichen (politischen) Standpunkt ist die staatenbildende Kraft um so kleiner, je mehr das Flußgebiet verschiedenen, die Staatenbildung erstrebenden Völkern Einbruchmöglichkeiten gewährt, je ausgeprägter diese Völker senkrecht auf den Fluß stoßen, je gleichwertiger die Völker an militärischer Kraft sind und je häufiger die in den reichen Niederungen entstandenen Staaten mit ihren satten Bewohnern von anstürmenden jungen, armen Völkern überrannt werden. Dagegen ist sie besonders groß, wenn die ganze Wirtschaft des Staates von der Großwasserwirtschaft abhängt, wenn also jeder in dem Flußgebiet sich bildende Staat, sobald er eine gewisse Macht erlangt hat, darauf ausgehen muß, sich die Nachbarn anzugliedern; vgl. die tausendjährigen Kämpfe der Pharaonen, daß sie Herren sein mußten beider Reiche (Unter- und Oberägypten). Groß ist sie besonders auch dann, wenn ein starkes Volk von Kolonisatoren von der Mündung des Flusses her an ihm entlang — also parallel zu seiner Hauptrichtung — vordringt; das haben z. B. die Spanier am Mississippi infolge ihrer schwachen Volkskraft nicht vollbracht, und dieser große Strom hat daher eine recht bescheidene Rolle in der Besiedlungsgeschichte Amerikas gespielt, — jedenfalls eine wesentlich kleinere als sein Nebenfluß Ohio, parallel zu dem, von seinem Quellgebiet her, die Angelsachsen vordrangen.

A. Zur Verkehrsgeschichte des Mittelmeers.

Die Geschichte des Mittelmeers besteht aus zwei Hauptabschnitten, die — sehr bezeichnend für die Bedeutung des Verkehrs! — durch ein Verkehrsereignis voneinander geschieden werden, nämlich durch die Auffindung des Seewegs nach Ostindien und hiermit die Erschließung des Atlantischen Ozeans und seine Eingliederung in den Weltverkehr. Bis zu dieser Zeit, also bis etwa 1500, war die Geschichte der „Welt“ die Geschichte des Mittelländischen Meers, und dieses war das Zentrum des wirtschaftlichen, politischen, religiösen und kulturellen Weltgeschehens, und in Handel und Verkehr war das Mittelmeer „das Weltmeer“. Dann aber ist es entthront worden durch den Atlantischen Ozean, der zum Weltmeer aufstieg.

Das Mittelmeer ist hierdurch für den zweiten Zeitabschnitt zu einem Nebenmeer herabgesunken. Dieser besteht wieder aus zwei Unterabschnitten, die — wieder sehr bezeichnend! — durch ein Verkehrsereignis voneinander geschieden werden, nämlich durch die Eröffnung des Suezkanals (1869), der das Mittelmeer aus seiner Abgeschiedenheit erlöste und es zum zweitwichtigsten Verkehrsweg der Welt und zur wichtigsten Durchgangsstraße machte.

Im ganzen Verlauf dieser wechselvollen Geschichte ist das Schwergewicht des Mittelmeerverkehrs zwischen Ost und West hin- und hergependelt; der östlichste Punkt lag hierbei im Zweistromland, der westlichste im Tyrrhenischen Meer (in Rom). Hierbei war die Lage fern im Osten nach den gesamten geographischen Verhältnissen eher berechtigt als fern im Westen; die zeitweilige Lage des Schwerpunkts in Rom ist dagegen durch die machtpolitischen Verhältnisse und die auf ihnen beruhenden ungesunden wirtschaftlichen Zustände zu erklären. Rom arbeitete nämlich mit Heeren von Sklaven und mit einem ungeheuerlichen Verbrauch von Menschen, und es war eine nur verzehrende, also nur einführende Stadt, die aber die aus aller Welt eingeführten Güter (und Sklaven) nicht bezahlte.

Nachstehend werden vor allem die geschichtlichen Erscheinungen hervorgehoben, die in den heutigen Zeiten Parallelerscheinungen haben; am wichtigsten ist dabei der uralte Kampf um den Durchfuhrhandel und den Durchgangsverkehr zwischen dem Westen (Europa) und dem Osten (China, Indien), der nie zur Ruhe gekommen ist, und der heute wieder so heiß entbrannt ist.

Aus dem Dunkel der Geschichte treten uns zuerst die Staaten entgegen, die sich in den beiden „Groß-Oasen“, im Zweistromland und am Nil, bildeten, und zwar mit Ackerbau mittels künstlicher Bewässerung als wichtigster Grundlage. Da diese großen und fast ständig politisch und militärisch mächtigen Staaten wirtschaftlich ziemlich selbstgenügsam (autark) waren, hatten sie keinen starken Anlaß, Außenhandel zu treiben und den Verkehr außerhalb ihres Landes zu pflegen. Es haben aber zeitweise große Fürsten dem Verkehr viel Aufmerksamkeit geschenkt, teils zu friedlichen Zwecken, nämlich zum Hereinholen ausländischer Baustoffe und fremder Kostbarkeiten, mehr aber noch zu kriegerischen Zwecken, nämlich zur Vorbereitung von Eroberungen und zum Festhalten der eroberten Gebiete. Für die beiden genannten Kernlandschaften war hierbei Syrien friedlich und kriegerisch das wichtigste Ziel, was in seiner so bedeutungsvollen Verkehrslage begründet ist. Es ist nämlich, da die den Verkehr abschreckende Arabische Wüste so weit nach Norden vorstößt, das Verbindungsglied, das Durchmarschland zwischen Ägypten und dem Zweistromland, es ist für beide also das Glacis für die Verteidigung, das Sprungbrett für den Angriff; es bildet außerdem für das Zweistromland die Verbindung mit dem Mittelmeer; für Ägypten hat es diese Bedeutung zwar nicht, denn dieses grenzt unmittelbar ans Meer, die syrische Küste mit ihren Häfen bildet aber einen guten Rückhalt für einen Feind, der vom Meer her Ägypten angreifen will; daher hat England seine Grenzen in Palästina so weit nach Norden hinaufgeschoben.

Da die beiden Staaten Kontinental- (Ackerbau-) Staaten waren, haben sie im Verkehr die Binnenwege besonders gepflegt, also die Fluß- und Kanalschifffahrt und den Landverkehr. Dieser bedurfte in der Wüste und Steppe keiner befestigten Wege, wohl aber der Wasser- und Raststationen und des militärischen Schutzes; und hieran hat sich in all den Jahrtausenden und auch unter dem Zeichen des Kraftwagens nur wenig geändert! Befestigte Wege, also richtige Straßen — gut trassiert, gut gebaut und gut ausgestattet — waren aber notwendig in den fruchtbaren und daher verkehrsreichen Niederungen mit ihrem weichen und feuchten Untergrund und im Hügel- und Gebirgsland mit seinen starken Steigungen und andern Verkehrshindernissen. Hierbei hatten die großen Durchgangsstraßen aber weniger wirtschaftliche als vielmehr strategische und verwaltungstechnische Bedeutung; sie wurden gebaut (und finanziert) für die Verwaltung der großen Reiche und als Aufmarsch- und Etappenstraßen für die geplanten Kriegszüge.

Über die Linienführung dieser großen Straßen sei hier einiges angedeutet, was auch heute noch teilweise gültig oder wenigstens lehrreich ist: Wie sehr man die Durchquerung der Wüste, namentlich für die Heere, scheute, ergibt sich daraus, daß die große König- und Heeresstraße für die Eroberungszüge der Assyrier von Ninive gegen Phönikien, Palästina und Ägypten in einem Bogen nach Norden bis nach Edessa (Urfa) ausholte. Diese Linienführung war aber unter fachlich richtiger Einschätzung der Verhältnisse des Landes gewählt: die Straße verlief am Südwestfuß der Berge, an der Scheide zwischen fruchtbarem Boden und Wüste. Die Bagdadbahn hat Pressel nach denselben Gesichtspunkten trassiert; — eine Parallelerscheinung des Trassierens auf dem Gebirgsfuß oder dem Gebirgsrand bietet die Anlage der „Hellwege“ (Höhenwege, Bergstraßen) in Deutschland, sie vermeiden aber nicht die Wüste, sondern die versumpfte Niederung.

Über die Linienführung der Wüstenstraßen sei nach Prof. Birk angegeben: „Für die Linienführung war die Lage der Grünplätze entscheidend; sie bildeten die Winkelpunkte, weil sie Wasser, Früchte und Rasten boten. Hierbei erwiesen sich die Wüstenbewohner mit ihrem hochentwickelten Spürsinn für Wasser und Grün, mit ihrer gründlichen Kenntnis der Wüste als die besten Hilfskräfte. Zwischen den grünen Festpunkten war an ein dauerndes Festlegen der Straßenlinie nicht zu denken; die Karawanenführer hielten nur die Hauptrichtung von Haltestelle zu Haltestelle fest, zogen aber ihre eigenen Pfade; man vermied die Stellen, wo Leichen von Menschen und Tieren an den Niederbruch einer Karawane erinnerten; man umging Strecken, auf denen Überfälle raublustiger Wüstenbewohner zu befürchten waren ... War eine Regierung bemüht, eine Wüstenstraße festzulegen, so war dies nur durch Einrichtungen möglich, die wir heute als „Nebenanlagen“ ansprechen, die aber für jene Zeit richtungbestimmende Hauptanlagen waren: Ruhe- und Lagerplätze mit Schatten, Wasser und Früchten und mit Schutzbauten gegen Räuber. Der Gedanke, der hier zum Ausdruck kommt, gilt aber auch für die höchstentwickelten Wege, nämlich die Eisenbahn und die Luftwege: Für die Linienführung sind die „Stationen“ (Bahnhöfe, Flugplätze) das Maßgebende; dagegen ist der Verlauf der Linie von Station zu Station ziemlich belanglos.

Es ist für das Verständnis der Wege, die heute von Westen her gegen das Zweistromland und Armenien vorgetrieben werden (Bagdadbahn, Eisenbahnbauten der heutigen Türkei, Vortreiben der Verkehrsspitzen von der syrischen Küste aus) lehrreich, sich zu erinnern, wie in grauer Vorzeit der Verkehr von Osten her gegen Europa vorgetrieben wurde. Am wichtigsten (bzw. lehrreichsten) ist hier die Königstraße Susa—Sardes des großen Königs Darius, der die

Verwaltung des gewaltigen, aber in allen Fugen krachenden Reichs neu ordnete und zu diesem Zweck treffliche Straßen — „Königswege“ — schuf. Die wichtigste dieser Straßen ist die in Abb. 6 dargestellte von Susa nach Sardes, der Hauptstadt der westlichsten Provinz, die als solche der natürliche Versammlungsraum für die gegen Europa angesetzten Heere und die Etappeninspektion war. Diese Königstraße — 2500 km lang! — war nicht dem Handel, sondern der Verwaltung und Kriegführung gewidmet, und ihre Baumeister haben den Linienzug daher nicht über die wirtschaftlich wichtigsten Punkte, nämlich die großen Städte gelegt, sondern so bestimmt, daß einerseits die kürzeste Entfernung zwischen den beiden Endpunkten erzielt wurde und daß andererseits alle Provinzen unmittelbar berührt wurden. Im einzelnen war die Straße

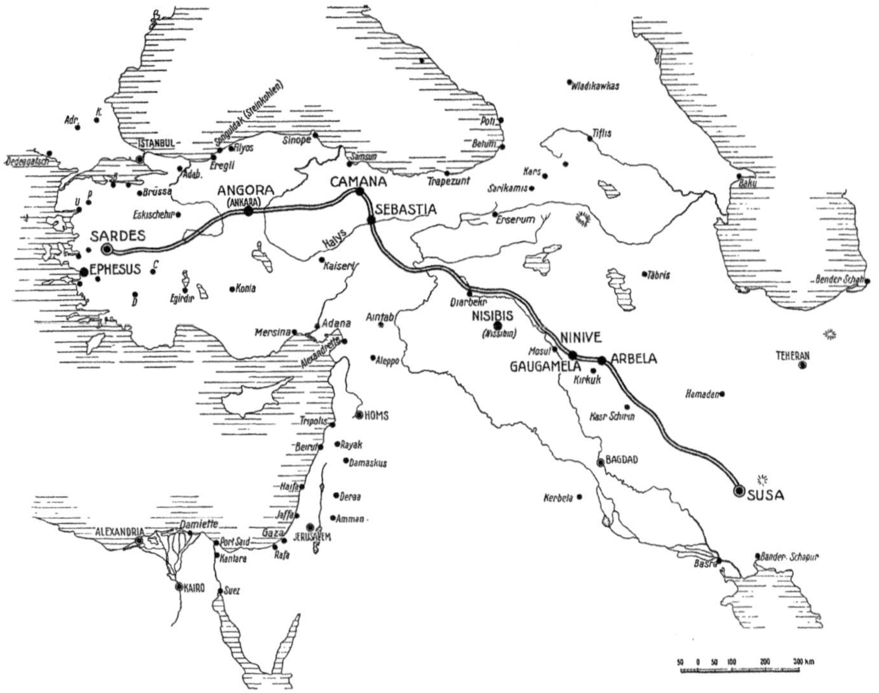

Abb. 6. Die Königstraße Susa—Sardes.

sorgfältig trassiert und gut ausgestaltet, besonders auch mit Rasten, die entsprechend dem Tagesmarsch eines Heeres, 22,5 km, Abstand voneinander hatten. — Die Perser verfügten damals über eine hochentwickelte Technik, vgl. den Bau des Kanals, durch den das Vorgebirge Athos abgeschnitten wurde, und den Bau der Brücken über den Bosporus und den Hellespont mit 1000 und 3000 m Länge; ihre Kriegszüge gegen Griechenland wurden in jahrelanger Arbeit nicht nur militärisch, sondern auch verkehrstechnisch sorgfältigst vorbereitet (vielleicht besser als so mancher spätere Kriegszug oder Vormarsch). — Die Königstraße wurde aber von Alexander dem Großen und von den Römern zu ihren Vormärschen nicht benutzt. Warum nicht? Weil der Eroberer das Land fest in seine Hand bekommen muß; hierzu aber ist — besonders in einem derart „verstädterten“ Gebiet — das wirksamste Mittel die Besetzung der großen Städte; diese aber lagen nicht an der Königstraße.

Wenn oben angedeutet wurde, daß die großen Reiche Kontinentalstaaten und Ackerbauländer waren, so darf das nicht dahin mißverstanden werden, daß sie den Seeverkehr vollkommen vernachlässigt und nur Eigenhandel getrieben hätten. Sie haben vielmehr auch den Durchgangshandel und den Seeverkehr gepflegt. Von Osten führten die alten Landwege von China (die Seidenstraßen) und von Indien her durch Iran zum Zweistromland, von Indien her außerdem die Seewege an der Küste entlang und von Ceylon (mit den Monsunwinden) über den Ozean und durch das Rote Meer; in Ceylon traf man sich mit den Händlern aus China und der Südsee, von hier holte man die Kostbarkeiten, gegen deren übertriebene Einfuhr später einsichtsvolle römische Kaiser mit Einfuhrverboten (Kontingentierungen und anderen zur Zeit hochmodernen Maßnahmen) vorgingen. Wichtig war auch der Anschluß von Südarabien und Ostafrika. — Wo aber das Goldland „Ophir" zu suchen ist, ist immer noch nicht ermittelt; — die Schiffe, die König Salomo aussandte, kamen in drei Jahren einmal zurück, aber das Reiseziel wird leider nicht angegeben.

Aus diesen Seefahrten ist auch abzuleiten, welch große Bedeutung von jeher Ägypten als das große Tor zum Roten Meer hat, und es ist zu verstehen, daß sich große Fürsten schon in grauer Vorzeit um den Bau eines „Suezkanals" bemüht haben[1].

Wenn wir hier die Bedeutung der Großstaaten hervorheben, deren Kraft in der hohen Fruchtbarkeit begründet ist und deren wirtschaftliche und politische Macht daher auf der Landwirtschaft beruht, so dürfen wir nicht vergessen, daß Ägypten und das Zweistromland eine recht wechselvolle Geschichte gehabt haben, die ein Auf und Ab von höchster Blüte und tiefem Fall zeigen. Auch dies ist geographisch begründet:

Diese reichen Tiefländer, die man „Vorzugländer" genannt hat, kranken daran, daß die Masse der Landbevölkerung durch eine kleine Oberschicht wirtschaftlich und kulturell tief herabgedrückt wird; diese Gefahr ist besonders kritisch, wenn die Landwirtschaft auf dem Großbetrieb künstlicher Bewässerung beruht. Aus den geknechteten Bauern und Landarbeitern können die Herrschenden zwar Geld erpressen, aber keine das Vaterland froh bejahenden Menschen und keine tüchtigen Soldaten machen. Andrerseits versinkt die Oberschicht in Üppigkeit, Luxus, Weichlichkeit und materielle Gesinnung. Und nun schauen von den Grenzen her arme Völker begehrlich nach dem Reichtum. Es sind die Hirten der Steppen und Wüsten — arm, schlicht, einfach, bedürfnislos, kampfgewöhnt; und eines Tages brechen sie ein und vernichten (meist nicht die unterdrückte Landbevölkerung aber) die üppige Oberschicht.

Man darf eben den Einfluß der wirtschaftlichen Grundbedingungen, in diesem Fall den der hohen Fruchtbarkeit, auf Volk und Staat nicht nur vom wirtschaftlichen Standpunkt aus betrachten, sondern man muß auch die sozialen, sittlichen, politischen und militärischen Wirkungen beachten. Aus den armen Böden der Heide, Steppe, Gebirge sind große Staaten herausgewachsen; von ihnen aus ist oft auch die verlorengegangene Freiheit des Volkes wieder errungen worden.

Neben den Großmächten und ihrem Verkehr standen (genau wie heute) die kleinen, nämlich die Kleinstaaten, die vorzugsweise Küsten- oder Inselstaaten (oder Vereinigungen von beiden) waren, also im „kleinen Raum" saßen

[1] Der erste Kanal vom Nil zum Roten Meer wurde im 14. Jahrhundert v. Chr. von Sethos I. und Ramses II. gebaut. Dieser verfiel; es wurde ein neuer Kanal von Necho (619 bis 604 v. Chr.) begonnen, aber erst von Darius (521—486) vollendet; er war zu Kleopatras Zeiten versandet, wurde aber von Trajan wiederhergestellt. Die Araber bauten im 7. Jahrhundert einen neuen Kanal. Die Venezianer wollten die Landenge unmittelbar durchstechen, um ihren durch den Seeweg um das Kap eingeschrumpften Handel wieder zu beleben; Leibniz trat hierfür bei Ludwig XIV. ein. Napoleon ließ 1798 ein Nivellement aufnehmen, das aber mit dem groben Fehler abschloß, daß die Spiegel der beiden Meere einen Höhenunterschied von 9,908 m (wie exakt!!) hätten. Schließlich wurde der heutige Kanal von Negrelli entworfen und von Lesseps gebaut; am 19. November 1869 wurde er von der Kaiserin Eugenie eröffnet.

und politisch und militärisch überhaupt nicht oder nur zeitweilig zu größerer Macht aufstiegen.

Die wichtigsten Vertreter dieser beiden Gruppen sind die Griechen und Phöniker. Hierbei werden die „Phöniker“ in der immer noch landläufigen Auffassung erheblich überschätzt. Es ist ausgeschlossen, daß dieses kleine Volk, in engem Raum lebend und fast dauernd in viele Stadtstaaten zerfallend, in Handel und Schiffahrt oder gar in Politik und Kolonisation all das geleistet haben soll, was ihm zugeschrieben wird. Diese falsche Auffassung ist darauf zurückzuführen, daß die Griechen, aus deren Berichten wir früher fast ausschließlich schöpften, alles mit „phönikisch“ bezeichneten, was orientalisch war. In Wirklichkeit handelt es sich bei der Schiffahrt und Kolonisation der „Phöniker“ um einen Teil der gewaltigen semitischen Wanderung, die im dritten Jahrtausend vor Christo aus den Steppen und Wüsten heraus den vorderen Orient und dann das Mittelmeer überschwemmte — ähnlich wie einige Jahrtausende später die Araber in die gleichen Gebiete vorstießen. Die Phöniker selber haben mit kurzen Unterbrechungen immer unter der Hoheit der Großstaaten gestanden, und nur in deren Schutz sind ihre Hafenstädte zu ihrer großen Bedeutung aufgestiegen. Auch die angeblichen Erfindungen (in Gewerbe und Buchstabenschrift) sind allgemein orientalisch, desgleichen ihre Leistungen auf (kunst-) gewerblichem Gebiet (Glas, Purpur, Bronzeguß). Bedeutendes haben sie aber geleistet für den Schiffbau und in den Kriegsflotten (vgl. die Perserkriege); der geographisch begründete Rückhalt hierfür war der Reichtum an trefflichem Bauholz.

Durch diese Einschränkungen wird aber die hohe Bedeutung der verkehrsgeographischen Lage Phönikiens nicht verdunkelt; die phönikische Küste ist eben der wichtigste Teil des so bedeutungsvollen Durchgangslandes Syrien. Es ist aus diesem Gesamtland herausgehoben, weil es das Küstenland ist, in der kleinasiatischen Südküste eine Fortsetzung nach Westen findet, die Insel Cypern als Stützpunkt und Sprungbrett vor sich liegen hat, weil ferner der Euphrat hier so weit nach Westen ausholt, und weil die so weit nach Norden vorstoßende Arabische Wüste den Wert des südlich von Phönikien liegenden Gebiets, also Palästinas, für den Durchgangsverkehr herabsetzt; dazu kommen noch als fördernde Einzelerscheinungen die für die damals so kleinen Schiffe guten Naturhäfen, die hohe Fruchtbarkeit der Ebenen und Hänge und der Waldreichtum der Gebirge. Phönikien vereinigt in sich alle Vorzüge der Schwellen-, der Flur- und Zwischenlage; so ist es immer gewesen, und so ist es auch heute noch!

Vom verkehrstechnischen Standpunkt seien noch folgende Punkte kurz erwähnt:

Die sog. Phöniker waren im Verkehr und Handel den meisten ihrer Nachbarn überlegen, weil sie über die beiden maßgebenden Verkehrsmittel verfügten und deren Technik, den Seeverkehr und den Landverkehr, beherrschten; sie waren also nicht einseitig „kontinental“ oder „maritim“.

Sie hatten zweifellos starken händlerischen Instinkt, sie verstanden es, in dem weiten von ihnen bedienten, in sich wirtschaftlich und kulturell so verschiedenartigen Gebiet Angebot und Nachfrage zu erforschen und die richtigen Güter vom richtigen Ort zu holen und zum richtigen Ort hinzubringen; sie verstanden es auch, die (kunst-) gewerbliche Produktion im Sinne gesteigerten Auslandabsatzes zu beeinflussen. In der Verkehrs- und Handelspolitik waren sie Meister im Fern- und Niederhalten der ausländischen Konkurrenz; die Handelswege wurden möglichst geheimgehalten, die fremde Schiffahrt wurde durch Lügen und Greuelmärchen abgeschreckt, fremden Kaufleuten wurde der Handel erschwert und verteuert, die eigene Flagge erhielt Monopole; — kurz, all die verkehrs- und handelspolitischen Maßnahmen, die später so fein ausgeklügelt und so virtuos gehandhabt wurden, und die heute in so hoher Blüte stehen, sind schon jahrtausendealt. — Daß man auf den friedlichen (ehrbaren) Handel verzichtete und zur Gewalt (Raub) griff, sobald man hierzu stark genug war, war damals ebenso selbstverständlich wie heute; aber auch damals schon hatte man hierfür sehr wohlklingende Bezeichnungen; und auch die Götter wurden damals hierfür schon eifrig bemüht.

Bei den Gütern (Handelsgegenstände), die damals umgesetzt wurden, konnten es sich bei den hohen Transportkosten und dem gewaltigen Risiko nur um hoch- und höchstwertige handeln: Seide, Perlen, Edelsteine, Gold, Silber, Elfenbein, Affen, Pfauen, Zinn, Bronze- und Glaswaren, Farb-, Riech- und Reizstoffe, kostbare Tücher, Felle und Leder. Der Menge nach waren aber wohl schon damals die auch heute noch so wichtigen drei Güter Wein, Olivenöl und Getreide ausschlaggebend. Daß in allen geordneten Staaten eine planmäßige Getreidevorratswirtschaft getrieben wurde, und daß die dazu erforderlichen Getreidespeicher vorhanden waren, ist bekannt; weniger bekannt ist uns, daß mit dem Getreide oft ein schamloser Wucher getrieben wurde. Dazu kamen als Transportgüter Sklaven, die vielfach wohl den lohnendsten, aber auch am stärksten mit Risiko behafteten Handelsartikel darstellten. Insgesamt war also der Handel und Verkehr herzlich wenig sozial orientiert, und die Verkehrsabwicklung zeigte ebenso wie gewisse industrielle Betriebe furchtbare soziale Mißstände (vgl. das entsetzliche Los der Ruder- und Bergwerksklaven).

Hervorzuheben ist noch, daß im Austausch der Güter zwischen West und Ost, also zwischen „Europa“ und „Asien“, der Osten damals in Technik und Wirtschaft (und Kultur?) höher stand als der Westen; der Osten lieferte hauptsächlich Fertigwaren, darunter hochwertige kunstgewerbliche Gegenstände, der Westen dagegen lieferte landwirtschaftliche Erzeugnisse (Öl, Wein), Felle, Leder, ferner Zinn, dazu Bernstein, der durch Zwischenhandel erworben wurde.

Mit dem Niedergang der Perser und dem Hochkommen der Griechen und vor allem dann der Römer verlagerte sich das Schwergewicht des Handels und Verkehrs nach Westen. Da wir die Bedeutung der Griechen und Römer für Technik, Wirtschaft, Handel und Verkehr als bekannt voraussetzen können, so seien nur kurz die folgenden auch für die heutige Verkehrspolitik noch wichtigen oder wenigstens lehrreichen Punkte erwähnt:

Die Griechen haben u. a. für den Verkehr das wenig bekannte Verdienst, das Schwarze Meer und hiermit den Süden Rußlands geöffnet zu haben. Daß sie sich durch die „zusammenschlagenden Felsen“ in unbekannte Fernen vorwagten, ist zum Teil dadurch zu erklären, daß sie im Handel mit dem Zweistromland und Indien das Handelsmonopol der sog. Phöniker umgehen wollten; zu diesem Zweck suchten sie also den Umgehungsweg und rückten hiermit tatsächlich den heute so wichtigen Raum Trepezunt—Batum in das Licht der Geschichte, der künftig noch eine große Rolle spielen wird, wenn von hier aus erst einmal die Eisenbahnen nach Armenien und Iran vorgetrieben sein werden. Daß die Griechen hierbei auch den — in sich so wegsamen — Süden Rußlands dem Verkehr erschlossen, war ein — vielleicht anfänglich nicht beabsichtigter? — Nebenerfolg; aber man erkannte schnell, daß hier manche Werte zu holen waren, vor allem Gold, Fische, Felle und Sklaven.

Bei den Römern seien folgende Punkte hervorgehoben:

a) Sie sind die einzigen gewesen, denen es gelungen ist, den einheitlichen staatlichen Ring um die ganzen Mittelmeerländer zu schmieden und hiermit auch ein einheitliches Handels- und Verkehrsgebiet zu schaffen.

b) Sie haben den Handel und Verkehr insofern umgestaltet, als bis dahin fast nur hochwertige Güter transportiert werden konnten, während sie nun den Verkehr in mittel- und geringwertigen Massengütern entwickeln mußten, namentlich in Getreide, Holz und Steinen; sie waren hierzu durch ihre großen Bauten (Tempel, Paläste, Straßen, Brücken, Häfen) und zur Versorgung der

Stadt Rom (und anderer Großstädte) mit Nahrungs-, Bau- und Brennstoffen gezwungen.

c) Sie haben auf dem Gebiet der Verkehrsbedienung, also der Verkehrstechnik, Außerordentliches geleistet; hierbei darf man aber nicht nur an ihre Straßenbauten denken, sondern muß vor allem auch die Verbesserung des Seeverkehrs beachten; — die Römer sind z. B. regelmäßig, auf Grund planmäßiger Segelanweisungen, nach Ceylon gefahren.

d) Dagegen ist ihre Verkehrswirtschaft kritisch anzusehen; ihre hohen Leistungen beruhen auf ungesunden wirtschaftlichen Prinzipien, nämlich auf einem Raubbau am Menschen (Ruder- und andere Transportsklaven) und auf der Bedrückung ganzer Landstriche, die auf der Grundlage von Frohn- und Spanndiensten die Straßen bauen und unterhalten und den Betrieb leisten mußten.

e) Noch kritischer ist ihr „Handel" oder vielmehr ihre Wirtschaftspolitik anzusehen; ihr Grundzug war Ausplündern der Unterworfenen und der kleinen eigenen Volksgenossen durch das immer fremdstämmiger werdende Hochkapital, das auch die Staatsführung immer mehr an sich riß.

f) Versagt haben die Römer auch, obwohl sie tüchtige Städtebauer waren, auf dem Gesamtgebiet der Landesplanung, indem sie die Verstädterung nicht nur geduldet, sondern sogar begünstigt und hierdurch die Entvölkerung des platten Landes verschuldet haben; Hauptursache hierzu war die Latifundienwirtschaft des Großkapitals, das in seinem hemmungslosen Gewinnstreben jede Rücksicht auf Volk und Vaterland vergaß; — und an den Folgen kranken die ehemals römischen Gebiete in vielen Gegenden noch heute!

Von Bedeutung für unsere Betrachtung ist auch ein kurzer Hinweis auf die verkehrsgeographische Lage der Stadt Rom.

Geht man von der Zentrallage Roms in Mittelitalien aus, so ist es klar, daß sich beim Wachsen des Römischen Reichs nach Norden, Osten und Süden und auch nach Westen dieser Zentralpunkt auflösen mußte, daß also neben ihm andere Zentren emporblühen mußten, und daß er an Bedeutung (mindestens relativ) verlieren mußte.

Sobald die Römer nach Norden vorstießen und Gallien und Germanien ihrem Reich einverleibten, gewannen die Alpenpässe und die an ihren Ausgängen liegenden natürlichen Knotenpunkte Oberitaliens ihre hohe Bedeutung, die sie dann nie verloren haben.

Als die Römer nach Süden vorstießen und sich die damals so reiche Provinz Afrika angliederten, mußten Handels- und Verkehrszentren auf Sizilien entstehen.

Als die Römer nach Osten gingen, mußten Zentren auf der Küstenlinie von Brindisi bis Syrakus entstehen, und als Parallelerscheinung hierzu mußten die Hafenorte des östlichen Mittelmeers (Konstantinopel, Rhodus, Alexandria) aufblühen.

Wir sehen hier also die Bedeutung Norditaliens und des südlichsten Italien für den internationalen Verkehr, und dies ist namentlich für uns Deutsche wichtig, weil wir mit Norditalien durch die Eisenbahn so eng verknüpft sind, und weil unsere nach dem Orient und zum Suezkanal führenden Schiffslinien in Süditalien Anlaufhäfen berühren.

Hervorzuheben ist aus den verkehrspolitischen Geschehnissen des Römischen Reichs, daß Rom, obwohl es über eine so große Militärmacht verfügte und obwohl sein Generalstab im Verkehrswesen zweifellos sehr Tüchtiges leistete, in Vorderasien scheiterte, sobald hier nach den Wirren der Diadochenkriege sich wieder ein großer Kontinentalstaat bildete. Und seit dem Tag von Carrhae, an dem im Jahr 53 vor Christo Crassus sein unrühmliches Ende fand, bis zu jenen Septembertagen des Jahres 1921, in denen die Griechen an der Sakaria, dem

„Schicksalfluß der Neuen Türkei", ihre furchtbare Niederlage erlitten, sind immer wieder die Abendländer gescheitert, wenn sie sich in Überschätzung ihrer Waffentechnik und in Unterschätzung der klimatischen und Verkehrsschwierigkeiten in den Orient vorwagten, und dieser durch eine starke Kontinentalmacht verteidigt wurde.

Die eben skizzierte Verlagerung der Verkehrsschwerpunkte (und mit ihnen der Verkehrswege) mußte noch stärker in Erscheinung treten, als das Weströmische Kaiserreich in der Völkerwanderung zusammenbrach. Die machtpolitisch übersteigerte Verkehrsbedeutung des Westens sank, und die bis dahin machtpolitisch zurückgehaltene Verkehrsbedeutung des Ostens stieg wieder zu ihrer geographisch begründeten Höhe an.

Aus der nun anhebenden Zeit (476 bis 1500) sind folgende Erscheinungen hervorzuheben, die auch für die gegenwärtigen handels-, verkehrs- und politischen Beziehungen noch wirksam sind: die Bedeutung Konstantinopels, die Ausbreitung des Islam und das Hochkommen der norditalienischen Stadtstaaten als typischer Handelsstaaten:

Das Erbe Roms ging auf Konstantinopel über; aber dieser Vorgang war nicht etwa nur politisch, sondern er war vor allem geographisch begründet; in ihm kommt die ausgezeichnete Verkehrslage der Meerengen- und Brückenstadt am Goldenen Horn zum Ausdruck, die immer höher wurde, je mehr der Süden Rußlands und die Donauländer an Bedeutung gewannen. In jenen Tagen wurde der Grund gelegt zu dem heute so wichtigen Seeverkehr mit dem Schwarzen Meer und zu dem Überlandverkehr, der in dem Bau der Orient-Bagdad-Bahn seine Krönung fand. Seit jenen Tagen wird auch um diese Schlüsselstellung am Bosporus gekämpft.

Nachdem mit dem Zerfall des Weströmischen Reichs das Byzantinische Reich zur Vormacht in der Politik, Wirtschaft und namentlich der Kultur und Religion aufstieg, blieb es im Donauraum bis zur Save und bis zu den Dinarischen Alpen vorherrschend. Von Westen her reichte nämlich der Einfluß der italienischen Welt (von der Adria aus) nur bis an diesen Gebirgszug, der auch heute noch die Grenze zwischen römisch- und griechisch-katholisch bildet; und die Macht des alten Deutschen Reichs erstreckte sich politisch zwar bis zur allgemeinen Linie Schlesien—Adria, sie war aber wirtschaftlich und kulturell im mittleren Donauraum nur schwach.

Die Bedeutung des Byzantinischen Reichs wird oft unterschätzt; es handelt sich aber bei seiner tausendjährigen Geschichte (395—1453) durchaus nicht um einen „tausendjährigen Verfall"; das Reich hat vielmehr nicht nur Niederbrüche, sondern auch Höhepunkte erlebt; und auf dem Gebiet der Wirtschaft, des Handels und Verkehrs, mehr noch vielleicht auf dem der Kunst und des Kunstgewerbes war es während dieser tausend Jahre führend; die Stadt Konstantinopel war damals das Weltzentrum für Kultur, Handel und Verkehr; es hätte sich ja wohl auch das griechische Christentum nicht so weit ausdehnen können, wenn nicht ein starker wirtschaftlicher und politischer Rückhalt vorhanden gewesen wäre. Das Byzantinische Reich war aber immer von begehrlichen Nachbarn umgeben, die von allen Seiten andrangen: Im Osten waren es die Parther, dann (etwa von 620 ab) die Araber und Osmanen; im Westen die Normannen (von Sizilien her), dann die Venezianer; im Nordwesten, also im Donauraum, in der Völkerwanderungszeit die Germanen, später die Slaven; im Nordosten (von 860 ab) die Russen. Während sich Byzanz gegen die Stürme der Völkerwanderung und der Mohammedaner hatte behaupten können (allerdings nicht ohne große Verluste), wurde es erst tödlich getroffen, als die Venezianer aus egoistischen handelspolitischen Gründen 1203 im Vierten Kreuzzug das Christenheer gegen das Bollwerk führten, das bisher die Hauptlast des Kampfes der Christenheit gegen den Islam getragen hatte!

Während der byzantinischen Zeit bildeten sich auf dem Balkan bereits selbständige Reiche der in die Halbinsel von Rußland her eingedrungenen Völker, auf die wir noch zurückkommen müssen.

Der Islam schuf von Arabien aus jene große Kontinentalmacht, die dem Abendland die Handelswege nach dem Osten abriegelte und es zwang, das Monopol der Mohammedaner für den Zwischenhandel mit dem Osten anzuerkennen. Dann nahm der Islam dem Abendland dessen Besitzungen in Vorderasien und Nordafrika ab, und schließlich begründete er in Europa selber — in Spanien, Sizilien und den Donauländern — große, starke, durch hohe Zivilisation ausgezeichnete Staaten. Wenn es heute immer noch Leute gibt, die im Islam so etwas wie den „kranken Mann am Bosporus" sehen, so sollten sie doch wenigstens einmal darüber nachdenken, was die Mohammedaner als Krieger an Tapferkeit und noch mehr an Entbehrungen geleistet haben und was alles in Wissenschaft und Kunst?

Und welche Bedeutung hat der Islam außer in seinen Stammlanden für Nordafrika, den Sudan und Ostafrika, für Vorder- und Hinterindien? Hier ist die große Kontinentalmacht des Orients, die das Abendland seit Jahrhunderten immer wieder nicht sehen will!

Die Bedeutung des Islam für den Handel und Verkehr kann kaum überschätzt werden. Sie beruht zunächst auf seiner geographischen Ausbreitung; zur Zeit seiner höchsten Blüte reichte sie vom Atlantischen Ozean bis tief in die Südsee hinein, von der mittleren Donau bis Madagaskar, vom Senegal bis zum Jangtse. Und heute? Es sind einige Randgebiete abgesplittert. Allerdings hat hierbei die Bedeutung qualitativ stark abgenommen, weil die Mohammedaner weder politisch noch religiös geeint sind, vgl. z. B. die scharfen Gegensätze zwischen Arabern und Türken, die im Weltkrieg von den Engländern so geschickt ausgenutzt worden sind und sich für uns so verhängnisvoll ausgewirkt haben. Die Bedeutung beruht ferner auf der einheitlichen Sprache des Koran, die in allen mohammedanischen Landen von irgendeinem „Gebildeten" verstanden wird; aber auch dies läßt jetzt nach; die Türkei löst sich bewußt vom persischen und arabischen Schrifttum ab. Ferner ist zu erwähnen, daß Mohammed, der selber Kaufherr war, eine ausgesprochen verkehrsfreundliche Religion geschaffen hat; der Bau und der Schutz von Wegen, Brücken, Brunnen und der Schutz des Fremden ist für den Mohammedaner göttliches Gebot. Dazu kam als früher sehr wichtig die Pflege bestimmter Wissenschaften, nämlich der Mathematik, Astronomie, Geodäsie und Geographie hinzu. Besonders wichtig aber war, daß der Islam in den eroberten Ländern, nachdem der erste Glaubensfanatismus sich schnell ausgetobt hatte, ein blühendes wirtschaftliches Leben hervorrief, und daß Gewerbe und Landwirtschaft eine Fülle von wichtigen Handelswaren schufen. Auch die Blüte des christlichen Konstantinopels konnte sich zum Teil nur deshalb so lange behaupten, weil sich nach Osten hin ein gewaltiges Hinterland auftat, das unter dem Zeichen der arabischen Kultur zur höchsten Blüte aufstieg.

Dem Donauraum aber hat der Einbruch des Islam (der Türken), wie wir noch sehen werden, furchtbare Wunden geschlagen.

Inzwischen war in Westeuropa nach den Stürmen der Völkerwanderung wieder Ruhe eingetreten; es hatten sich größere Staaten gebildet, und die Wirtschaft begann wieder anzusteigen. Hierdurch nahm auch wieder die Bedeutung der Alpenpässe und der nördlichen Mittelmeerhäfen zu, und wir können nun wieder eine ähnliche Entwicklung beobachten wie bei den sog. Phönikern: Kleine Stadtstaaten, politisch schwach, aber zielbewußt regiert von einer klugen, zähen, nötigenfalls rücksichtslosen Kaufmannsaristokratie, verstehen es, sich im Handel und Verkehr durchzusetzen; sie pflegen außerdem das Kunstgewerbe, kommen zu Reichtum, wissen diesen als Bankiers gut zu verwenden und schaffen sich außerdem mit ihrem Geld die erforderliche militärische Stoßkraft; nebenbei bemerkt: es wird hierbei auch die Landwirtschaft in den Dienst des Kapitalismus gestellt, indem die reichen Latifundienbesitzer in die Städte ziehen und ihre durch Ausnutzung der Pächter und Landarbeiter erzielten Gewinne in Handel, Gewerbe und Bankwesen arbeiten lassen; daß dabei die Bauern verkamen, sah man nicht oder wollte man nicht sehen. Von der Verkehrsentwicklung jener Zeit sind folgende Punkte noch für die Gegenwart wirksam:

An der in Betracht kommenden Teilstrecke der nördlichen Mittelmeerküste liegen die drei Häfen Marseille, Genua und Venedig; sie sind in gleicher Weise dadurch ausgezeichnet, daß hier der mittlere Teil des Mittelmeers am weitesten nach Norden vorstößt, und zwar gegen die damals erwachenden, heute wirtschaftlich stärksten Gebiete Europas und gegen das heutige „Zentralbecken des Weltverkehrs", die Nordsee. In dem naturgemäß begründeten Rivalitätskampf der drei Häfen spielten ihre Lagen zum Norden und zum Orient und außerdem zum Meer und zu den Gebirgen die ausschlaggebenden Rollen:

Marseille liegt am offenen Meer und trefflich zum Gebirge, denn es hat keine Hochgebirge zu überwinden; die Wege nach dem Seinebecken, Rheingebiet, nach Flandern, England, Mitteldeutschland erreichen nur so geringe Höhen, daß sie sogar von Wasserstraßen überwunden werden konnten.

Genua liegt zwar auch am offenen Meer, aber zwei Gebirge (Apennin und Alpen) verriegeln ihm den Norden, und die Alpenpässe sind gerade hier besonders hoch. Dafür verfügt es über die wirtschaftlich so wertvollen Gebiete der Lombardei, der Schweiz und des oberen Rheingebiets als Hinterland.

Venedig liegt nicht am offenen Meer und kann damit nie Anteil an dem durchgehenden Schiffsverkehr zwischen Nordwesteuropa (und Amerika) und dem Suezkanal gewinnen; es kann, ebenso wie die andern Häfen der Adria, nur Ausgangspunkt für sein engeres Hinterland sein. Dieses war früher bedeutend, weil die östlichen Alpenpässe niedriger sind als die mittleren (Brenner + 1370 m gegen Gotthard + 2114 m); aber das ist nun durch die Eisenbahn ins Gegenteil verkehrt, die Genua zum wichtigsten Weltverkehrshafen Italiens und hierdurch zum Rivalen Marseilles gemacht hat[1].

In Venedig haben seine Kaufherren es verstanden, sich zur beherrschenden Handels- und Verkehrsmacht aufzuschwingen. Sie stützten sich hierbei auf die damals noch sehr starken Wirtschafts- und Verkehrskräfte des engeren geographischen Rahmens — niedrige Alpenpässe, Bedeutung der Donaustädte, Fruchtbarkeit des anschließenden Festlandes, Bedeutung Dalmatiens als Lieferant von Holz, Seeleuten und Soldaten und als Brücke zum Orient. Venedig kam hoch im Kampf gegen das christliche Byzanz und im Zusammenspiel mit den mohammedanischen Arabern. Zuerst mußte man sich in Byzanz allerdings ducken. Aber dann erlangte man doch durch Hilfsleistungen in Kriegen das Recht selbständiger Faktoreien, und dann begann man den byzantinischen Geschäftsfreunden den Handel mit dem Orient abzugraben, indem man am Südufer des Schwarzen Meers (wie einst die Griechen) Handelsniederlassungen

[1] Für den durchgehenden Nord-Süd-Eisenbahnverkehr Europas hat die Natur die einzigartige Lage geschaffen, daß von Norden her ein „Fjord", nämlich das so tief eingeschnittene Rheintal bis tief in die Alpen vorstößt, und daß nach Südost, also gegen den Suezkanal, eine Mole, nämlich die so langgestreckte Halbinsel Italien weit in das Meer vorstößt. Fjord und Mole bilden eine eisenbahngeographische Einheit, gekennzeichnet durch die Linie Rotterdam, Hamburg und Berlin—Basel—Gotthard—Mailand—Brindisi. Fjord und Mole sind allerdings durch die Alpen voneinander getrennt, aber diese haben für die Eisenbahn ihre Schrecken verloren; die Gebirgsstrecke der Gotthardbahn (von Erstfeld, + 475 m bis Biasca, + 296 m) ist (in der gebrochenen Luftlinie) nur 60 km lang, und der auf ihr durch die Höhe verursachte Fahrzeitverlust ist nicht so groß wie der in den Grenz- oder Kopfbahnhöfen.

gründete, von denen aus man mit den Arabern unmittelbar Handel treiben konnte[1].

Und dann kam die große Zeit der Kreuzzüge. Man darf nicht bezweifeln, daß wenigstens in den ersten Kreuzzügen bei den Politikern und Führern und namentlich bei den Kreuzfahrern selbst das religiöse Moment von großer und vielfach von entscheidender Bedeutung war; im weiteren Verlauf der Bewegung haben aber sicher wirtschaftliche und machtpolitische Fragen eine große Rolle gespielt. Was die klugen Handelsherren in Venedig, die den christlichen Kaiser in Byzanz so wenig liebten, die aber mit den ungläubigen Arabern so gern Handel trieben, dabei gedacht haben, kündet kein Buch; denn darüber schreibt man nichts. Man darf aber wohl annehmen, daß diese Männer mit weitem Horizont, scharfem Verstand, hervorragenden Marktkenntnissen, die über große Flotten und Kapital verfügten, die außerdem die ungeheuren Verkehrsschwierigkeiten richtig einzuschätzen wußten, sehr bald die wirtschaftspolitische Seite der großen Bewegung ins Auge faßten. Hierbei muß man als Verkehrsfachmann annehmen, daß die Venezianer an einen entscheidenden Sieg des Abendlands über das Morgenland, d. h. an die dauernde Einrichtung christlicher Staaten in Syrien nicht haben glauben können; denn dazu waren die Verkehrsschwierigkeiten zu groß — und tatsächlich ist ja auch dann das Abendland im Orient gescheitert wie einst das Römische Weltreich. Demgemäß werden die weitschauenden Politiker wohl in dem Feind von heute den Handelspartner von morgen gesehen haben; — vielleicht nebenher auch in dem christlichen Verbündeten in Byzanz den wirklichen Feind.

Wie dem auch sei, — zunächst verdiente man als Bankier und Rüstungslieferant und vor allem durch die Kriegstransporte. Bezahlen ließ man sich mit Geld und Anleihen, und da dies natürlich nur im Anfang ging, mit Handelsprivilegien und mit erobertem Gebiet; und hiermit begründete die Republik ihr „Weltreich", das von den Burgen Tirols über all die Inseln und Halbinseln bis tief ins Schwarze Meer reichte, und — abgesehen von dem heutigen England und Japan — der beste Typ des „Staates in zerstreuter Lage" ist. Wie stark bei diesen Kämpfen das Religiöse zurücktrat und das Wirtschaftliche vorrückte, zeigt sich darin, daß im Vierten Kreuzzug die Venezianer das Kreuzfahrerheer, das ihnen schwer verschuldet war, gegen das christliche Byzanz führten und hier das ihnen ergebene „Lateinische Kaisertum" einrichteten. — Wie die Venezianer ihre Monopolstellung z. B. im Handel zwischen dem deutschen und arabischen Kaufmann ausbauten und ausnutzten, darf als bekannt vorausgesetzt werden.

Aber auch gegen die Vormachtstellung der vereinigten Zwischenhandelsfirma Venedig—Islam, namentlich im Verkehr mit Indien, regten sich die Kräfte, und wieder verfolgte man die alte Taktik, eine Umgehungsstraße zu suchen. Man fand sie nach Süden, um das Kap der Guten Hoffnung segelnd. Durch die großen Entdeckungen wurden nicht nur Venedig und der Islam, sondern das ganze Mittelmeer entthront. Es würde aber, namentlich im Hinblick auf die Gegenwart, eine irrige Auffassung sein, wenn man glauben würde, daß diese Wirkung sehr schnell vor sich gegangen, oder daß die Auffindung des Seewegs nach Vorderindien die einzige Ursache gewesen wäre. Mindestens ebenso wichtig war, daß in der Zwischenzeit die am offenen Atlantischen Ozean sitzenden Westeuropäer erstarkt waren, und daß sich außerdem im Gebiet der Nordsee—Ostsee ein nordischer Wirtschaftskreis gebildet hatte.

Einzelheiten der weiteren Verkehrsentwicklung und der mit ihr im engsten Zusammenhang stehenden politischen und technischen Entwicklung brauchen hier nicht mitgeteilt zu werden; nur folgende Punkte seien erwähnt:

[1] Wenn wir hier immer „Venedig" sagen, so sei beachtet, daß auch die anderen italienischen Handelsstadtstaaten ihren Anteil hatten.

So Großes Spanien und Portugal auf dem Gebiet der Entdeckungen geleistet haben, und so groß die Kolonialmacht dieser Staaten für kurze Zeit war, so darf man doch nicht übersehen, daß nach der geographischen Lage und nach den maßgebenden völkischen und wirtschaftlichen Voraussetzungen diese so weit nach Westen vorgeschobene, vom übrigen Europa so scharf abgetrennte, dünn besiedelte und stark agrarisch orientierte Halbinsel keine starken Verkehrskräfte entwickeln kann. Das Schwergewicht des Welthandels mußte sich vielmehr alsbald nach den am Atlantischen Ozean liegenden Häfen der inzwischen herangewachsenen starken Staaten Nordwesteuropas verlagern, also in das Gebiet Irische See—Kanal—Nordsee. Und hier liegt es auch heute noch als das „Zentralbecken des Weltverkehrs", und da inzwischen noch zwei weitere große Zentren entstanden sind, nämlich die Atlantischen Häfen Nordamerikas und die chinesisch-japanischen Gewässer, so ist fortan der Verkehr des Mittelmeers unter dem Gesichtspunkt zu betrachten, wie es zu diesen drei Gebieten und den sie verknüpfenden Welthandelsstraßen liegt.

Wir können hiermit diesen Teil unserer geschichtlichen Betrachtung abbrechen und uns nun der Geschichte des Donauraums zuwenden.

B. Zur Verkehrsgeschichte des Donauraums.

Die erste staatenbildende Kraft, die im Donauraum auftrat, war die Roms. Hierbei sind zwei Zeitabschnitte zu unterscheiden:

Solange der Schwerpunkt des Römischen Weltreichs im Westen (Rom—Italien) lag, stießen seine Heere senkrecht auf die Donau, und sie sahen in dem Strom mehr das Hindernis für den Querverkehr und damit die Grenze, als den starken Träger des Längsverkehrs und damit die verbindende Klammer; — es haben aber gelegentlich größere Truppenverschiebungen auf der Donau stattgefunden.

Es scheint sich bei der Kolonisierung der Donauländer durch die Römer auch ausgewirkt zu haben, daß diese in ihrem sonst ausgezeichneten Heerwesen auf die Reiterei wenig Wert legten; die besonders wegsame (allerdings zeitweilig durch Trockenheit, zeitweilig durch Überschwemmungen heimgesuchte) ungarische Tiefebene muß ihnen unheimlich gewesen sein (wie dem Bauern die Wüste, wie uns im Anfang des Weltkrieges die endlose russische Ebene); jedenfalls blieb das Gebiet zwischen Donau und Theiß von den Römern unbesetzt. Als aber später das Reitervolk der Magyaren in den Donauraum vorstieß, machte es gerade dieses Gebiet zur Kernlandschaft seines Staates; — man erkennt an diesem Beispiel, daß dieselbe geographische Grundlage ganz verschieden wirken kann, wenn der Mensch verschiedenartige Züge aufweist.

Zur Zeit der sog. höchsten Blüte des Römischen Reichs, d. h. seiner äußersten Raumausdehnung, war die Donau sein Grenzfluß in ihrem ganzen Mittellauf von Regensburg (dem Endpunkt des Limes) bis etwa Sirmium; dagegen waren der Ober- und der Unterlauf überschritten, und die Wirkungen der römischen Herrschaft haben sich in beiden Gebieten (Süddeutschland und Rumänien) erhalten.

Mit der Verlagerung der römischen Macht nach Osten (Konstantinopel) hätte die Donau wohl eine größere Rolle spielen müssen; denn die Donau war zwar Grenzstrom, aber sie war (neben dem Halys und Euphrat) der größte Strom des Reichs, und die Hauptstadt lag im „Mündungsgebiet" der Donau, so daß die von der Hauptstadt ausgehenden Kraftlinien nicht mehr senkrecht auf den Strom stießen, sondern parallel zu ihm verliefen und ihn daher als den „starken Träger des Längsverkehrs" hätten ausnutzen können.

Hierbei muß man beachten, daß für die damalige Verkehrstechnik die untere Donau ein sehr beachtlicher Verkehrsweg war, und daß die besonders kritischen Hindernisse, nämlich die im „Eisernen Tor" für den Straßenverkehr und die Treidelei schon unter Trajan im Jahre 103 n. Chr. beseitigt worden waren, wovon heute noch die Trajanssäule in Rom und die Felsarbeiten an Ort und

Stelle Zeugnis ablegen. Aber die Verkehrsbedeutung der Donau blieb trotzdem aus den nachstehend angedeuteten Gründen im Dunkeln.

Als mit dem Zerfall des weströmischen Reichs das Byzantinische Reich (vgl. Abb. 7) zur Vormacht in der Politik, Wirtschaft und namentlich der Kultur und Religion aufstieg, blieb es im Donauraum bis zur Save und bis zu den Dinarischen Alpen vorherrschend. Von Westen her reichte nämlich der Einfluß der italienischen Welt (von der Adria aus) nur bis an diesen Gebirgszug, der auch heute noch die Grenze zwischen römisch- und griechisch-katholisch bildet und infolge seiner außerordentlichen Schwierigkeiten eine der stärksten Binnengrenzen Europas ist. — Von Westen her erstreckte sich die Macht des alten Deutschen Reichs politisch zwar bis zur allgemeinen Linie Schlesien—Adria, sie war aber wirtschaftlich und kulturell im mittleren Donauraum nur schwach.

In den mittleren und unteren Donauraum drangen während dieser Zeit außer germanischen Völkern folgende Völker ein:

Die Serben drangen von etwa 600 ab in ihre heutigen Stammsitze ein; ihr Staat erreichte eine höchste Blüte von 1331 bis 1355.

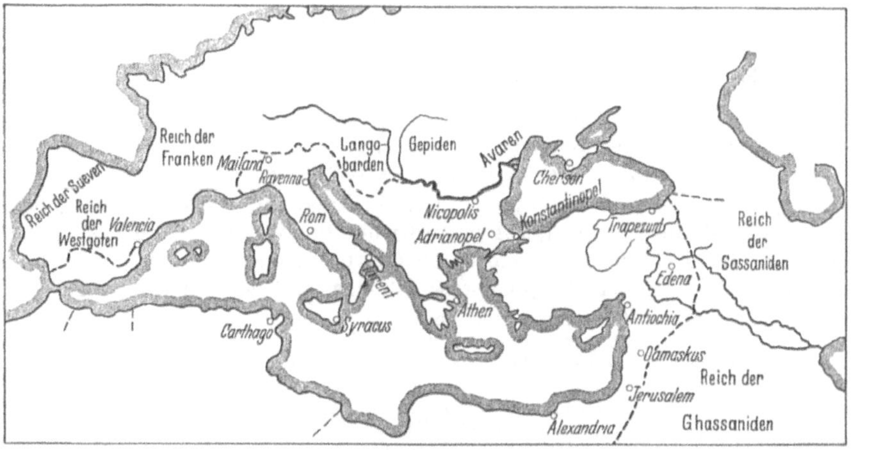

Abb. 7. Das Byzantinische Reich.

Die Bulgaren gründeten um 679 ihr Reich, das von 1218 bis 1241 eine höchste Blüte erreichte.

Beide Völker haben viele Kriege mit Byzanz geführt, und Konstantinopel ist von ihnen mehrfach belagert worden; aber die griechische Religion und Kultur hat sich bei beiden durchgesetzt; kirchlich haben sie hierbei allerdings im Laufe der Zeit die Selbständigkeit erkämpft.

Die Ungarn (Magyaren) rückten 809 in ihre heutigen Stammsitze ein; sie nahmen 975 das römische Christentum an (vgl. die heilige Stephanskrone); ihr Staat erreichte von 1173 bis 1196 eine höchste Blüte.

In Rumänien bildeten sich von 1300 ab die sog. „Donaufürstentümer", die sich ihrer geographischen Lage entsprechend stark auf das immer mächtiger werdende Rußland stützen mußten.

Die Russen traten um 800 in die Geschichte des Donauraumes ein, und seit dieser Zeit hat der Druck Rußlands auf Konstantinopel (über das Schwarze Meer und über die Donau hinüber) nicht aufgehört; es zeigt sich hier der Drang der Kontinentalmacht zum Meer, zur Hochstraße des Weltverkehrs; und was immer für Gewalten und politische Richtungen in Rußland mächtig waren — ein politisches Ziel ist immer dasselbe geblieben, die Herrschaft über Konstantinopel und den Meerengenraum.

Während der Zeit des Byzantinischen Reichs wurden auch die Verkehrsbeziehungen zwischen Deutschland und dem Südosten reger; Träger dieser Beziehungen waren vor allem die sog. „Donaustädte", deren Handelsherren aber nicht nur den Handel, sondern auch den Bergbau und die Gewerbe förderten. Hiermit beginnt auch die Einwanderung von Deutschen (nach Ungarn, Siebenbürgen, in das Banat usw.).

Was alles Byzanz, die Bulgaren, Serben und Ungarn im Donauraum an politischen Gebilden geschaffen hatten, ging im Ansturm der Türken unter: Ihr Siegeszug ist durch den Übergang über die Dardanellen (1353), die Eroberung von Adrianopel (1361), die Schlacht auf dem Amselfeld (1389), die Schlacht bei Nikopol (1396), die Eroberung Konstantinopels (1453), die Eroberung Ungarns (1521 bis 1547), die Belagerung Wiens (1529) gekennzeichnet. Dann haben die Türken den mittleren und östlichen Donauraum, Bosnien, Albanien und Griechenland, Bessarabien und Podolien und fast das ganze Küstengebiet des Schwarzen Meers beherrscht, bis sie in den sog. Türkenkriegen fast ganz aus Europa hinausgedrängt wurden (vgl. Abb. 8). Als den Wendepunkt kann man zwar die

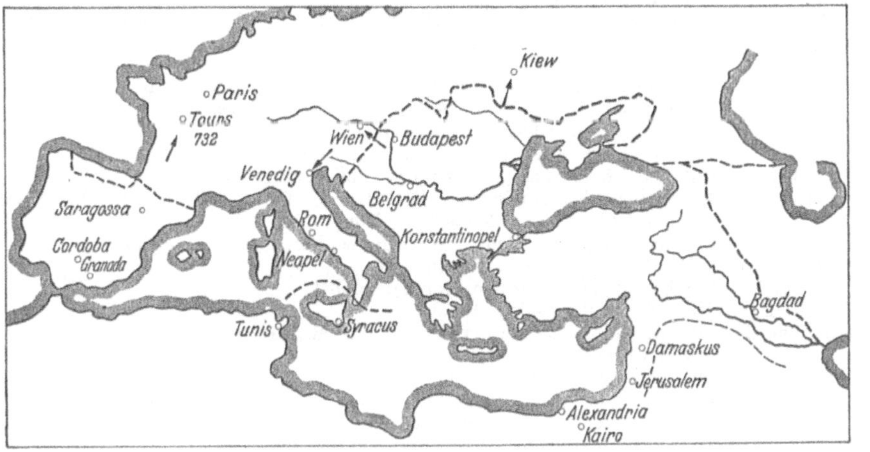

Abb. 8. Größte Ausdehnung der mohammedanischen Reiche.

Seeschlacht von Lepanto (1571) annehmen; aber Ungarn war erst 1699 wieder frei, und die Balkanstaaten errangen ihre Freiheit erst im Berliner Kongreß (1878) und teilweise noch später. Diese ewigen Kriege haben den Donauländern furchtbare Wunden geschlagen, namentlich haben sie die Bevölkerung stark verringert; Österreich und Ungarn waren um 1700 durch die Türkenkriege — ähnlich wie Deutschland durch den Dreißigjährigen Krieg — so ausgeblutet, daß eine Bevölkerungs- und Siedlungspolitik größten Stils notwendig wurde, um die menschenleeren Räume wieder zu besetzen. (Man denke an das Wort Friedrich Wilhelms I.: „Menschen halte für den größten Reichtum.") Die Schäden jener Kriegszeiten mögen in Ungarn jetzt überwunden sein; in den anderen Staaten sind sie es noch nicht. In ihnen gibt es noch zu wenig Menschen, sind viele Städte und Dörfer noch zu notdürftig, sind viele einst fruchtbare Böden noch nicht wieder unter den Pflug genommen. Eine arbeitsfrohe, genügsame, gesunde, kräftige, tapfere, vaterlandsliebende Bevölkerung, deren Kern Bauern und Hirten sind, hat diesen Aufbau in Angriff genommen; aber es werden noch Jahrzehnte vergehen, ehe er in der Landwirtschaft und den Gewerben, im Siedlungs- und Verkehrswesen durchgeführt sein wird; und noch länger wird es währen, bis die in vielen Teilgebieten entsetzliche Waldverwüstung überwunden sein wird.

Statt weiterer Erörterungen seien nachstehend die maßgebenden Ereignisse aufgeführt:

vor Chr.	
40	Die Römer beginnen gegen die Donau vorzudringen.
33	Dalmatien, 27 Mösia (Serbien, Bulgarien), 15 Rätia (Südbayern) usw. erobert.
nach Chr.	
10	Ungarn bis zur Donau und Thrazien (Gebiete südlich des Balkan) erobert.
98—117	Kaiser Trajan; größte Ausdehnung des Reichs.
107	Rumänien erobert.
um 250	Beginn der Völkerwanderung.
330	Byzanz (Konstantinopel) Hauptstadt.
395—1453	Byzantinisches Reich.
395—476	Auflösung des Weströmischen Reichs; Alemannen und Burgunder an der oberen Donau.
451	Die griechische Kirche selbständig.
527—565	Kaiser Justinian, — Höhepunkt!
ab 600	Die Serben wandern ein.
620	Anfänge des Islam.
von 632	Ständige Angriffe der Mohammedaner in Vorderasien und den Küstengebieten.
679	Die Bulgaren gründen ein eigenes Reich.
700—1200	Wechselvolle Auseinandersetzungen zwischen Serben, Bulgaren und Byzanz. Die Serben und Bulgaren nehmen das griechische, die Kroaten und Slowenen nehmen das römische Christentum an.
814	Das Deutsche Reich bis zur Linie Budapest—Belgrad ausgedehnt.
860	Die Russen treten in die Geschichte des Donauraums ein.
895	Die Magyaren rücken in Ungarn ein.
975	Ungarn nimmt das römische Christentum an.
988	Rußland nimmt das griechische Christentum an.
von 1000	Ausdehnung des Handels und Verkehrs von Deutschland nach dem Südostraum, Aufblühen der deutschen „Donaustädte".
um 1150	Einwanderung von Deutschen in Siebenbürgen und Oberungarn.
1173—1196	Blüte des Ungarischen Reichs.
1204	Die Kreuzfahrer stürmen Konstantinopel.
1218—1241	Blüte des Bulgarischen Reichs.
von 1300 ab	Bildung der Donaufürstentümer in Rumänien. Annahme des griechischen Christentums.
1331—1355	Blüte des Serbischen Reichs.
1354—1683	Vordringen der Türken im Donauraum — gleichzeitig aber noch Aufblühen der Wirtschaft und Kultur im mittleren Donaubecken, Bergbau der deutschen Kaufherren (Fugger) in Siebenbürgen usw.
1389	Schlacht auf dem Amselfeld.
1393	Bulgarien von den Türken erobert.
1453	Konstantinopel fällt!
1459	Serbien, 1463 Bosnien, 1521 Belgrad von den Türken erobert.
1529	Die Türken vor Wien!
1500—1940	Planmäßige Schwächung Deutschlands durch den Imperialismus Frankreichs.
1571—1918	Die „Türkenkriege"; Zurückdrängung der Türken aus dem Donauraum, Rußland und Griechenland.
1618—1648	Zerfleischung Mitteleuropas durch den Dreißigjährigen Krieg.
1683	Die Türken vor Wien!
1699	Ungarn endlich wieder frei!
1800—1815	Schwächung Österreichs durch Napoleon.
1812	Serbien selbständig (unter türkischer Oberhoheit).
1829	Rußland Schutzherr der Donaufürstentümer.
1853—1856	Krimkrieg; England, Frankreich und Türkei gegen Rußland.
1877—1878	Russisch-Türkischer Krieg.
1878	Der Berliner Kongreß.
1911—1912	Krieg der Balkanstaaten gegen die Türkei.
1914—1918	Der Weltkrieg.

Über die Entwicklung des Eisenbahnwesens im Südostraum sei kurz angegeben:

In Österreich stand die Eisenbahnpolitik bekanntlich lange Zeit hindurch unter dem Zeichen des starken politischen und wirtschaftlichen Gegensatzes zwischen Österreich (Cisleithanien) und Ungarn und außerdem unter dem

Zeichen, daß in Österreich mehr habsburgische als deutsche Verkehrspolitik betrieben wurde. Infolgedessen wurde vor allem eine große durchgehende Linie erstrebt, die die habsburgischen Lande auf möglichst große Länge durchzog; es war die Linie Brody (an der russisch-galizischen Grenze) über Lemberg—Krakau—Wien—Semmering—Marburg—Laibach—Triest—Udine—Venedig—Verona—Mailand und von da noch zum Tyrrhenischen Meer, wobei zu beachten ist, daß die östliche Lombardei damals österreichisch war und daß die italienischen Kleinstaaten von habsburgischen Sekundogenituren regiert wurden.

Dieser durchgehenden Linie kann man den Charakter der Großzügigkeit gewiß nicht absprechen, zumal sie vor der Überschienung der Alpen nicht zurückschreckte; in ihrem Linienzug ist ja dann auch schon 1854 das Meisterwerk der Semmeringbahn geschaffen worden. Und auch der österreichische Teil von Oberschlesien hatte von der Bahn Vorteil, da sie die Verbindung mit Wien und Krakau bringen mußte. Ein Anschluß mit Deutschland (Preußen) wurde aber erst 1848 (bei Oderberg) erreicht; — diese Verbindung hat sogar der Fürst Metternich nicht verhindern können.

Die Eisenbahngeschichte Ungarns beginnt 1846 mit der Eröffnung der Linie Budapest—Waitzen, die 1851 über Galantha—Preßburg den Anschluß nach Wien erhielt. Hiermit war Budapest an das westeuropäische Eisenbahnnetz angeschlossen. Von Budapest aus wurden dann erreicht: 1861 Pragerhof, 1870 Kaschau, 1873 Debrezin, 1882 Fiume, 1884 Belgrad.

Zur Vervollständigung seien folgende Daten der Verkehrsgeschichte gegeben:

1807 Dampfkraft auf Flüssen.
1833 Erste deutsche Eisenbahn.
1833 Elektrischer Telegraph erfunden.
1854 Semmeringbahn.
1860 Fernsprecher erfunden.
1867 Brennerbahn.
1869 Suezkanal.

Über die geschichtliche Entwicklung der Eisenbahnen auf dem Balkan genügen folgende Angaben, die sich auf die Eisenbahnen in der ehemaligen Europäischen Türkei beziehen:

1860 Erste Eisenbahn: Konstanza—Czernavoda, heute rumänisch.
1866 Rustschuck—Varna, heute bulgarisch.
1868 Vergebliche Bemühungen, durch eine französisch-belgische Gesellschaft eine durchgehende Linie (Ungarn)—Serbien—(Bosnien)—Konstantinopel bauen zu lassen.
1869 Konzession für den Eisenbahnbau an Baron Hirsch, zusammen 2500 km.
1870 Baubeginn von Konstantinopel, Dedeagatsch, Saloniki und Doberlin (in Bosnien) aus.
1875 Etwa 1200 km fertig.
1878 Berliner Kongreß. Die Balkanstaaten frei.
1888 Durchgehende Eisenbahn von Mitteleuropa nach Konstantinopel und Saloniki fertig.

Am schlechtesten ist vom ganzen Balkan der Nordwesten erschlossen. Hier gibt es von Montenegro aus über Albanien nach Nordwest-Griechenland hinein in einem Gebiet von beinahe 200 × 400 km Größe (praktisch gesprochen) noch keine Eisenbahn — und auch keine ordentliche Straße.

Von den verschiedenen Staaten zeigt Griechenland die ungünstigste Eisenbahnentwicklung. Es hat bei 130000 qkm Fläche und 7000000 Einwohnern nur 3300 km Eisenbahnen, und diese sind recht schwach ausgestattet (zusammen etwa 340 Lokomotiven, 650 Personenwagen, 6600 Güterwagen, 10000 Mann Belegschaft). Den Anschluß an das europäische Eisenbahnnetz erhielt Griechenland erst 1916. Das „Zentrum“ des griechischen Eisenbahnnetzes lag übrigens nicht in Athen, sondern in Saloniki.

Zum Schluß möchten wir noch auf folgende Tatsachen der geographischen Grundlagen und der geschichtlichen Entwicklung hinweisen, die im allgemeinen nicht zutreffend beurteilt werden, wobei insbesondere vielfach einerseits die Einheitlichkeit des alten Österreich-Ungarn, andrerseits die Stärke der Gegensätze im heutigen Südosteuropa überschätzt werden.

Bis in den Weltkrieg hinein waren wir gewöhnt, Österreich-Ungarn als die einheitliche Donau- oder Habsburgische Monarchie anzusehen; wir sahen hier einen einheitlichen deutschen Staat mit einem gewissen slawischen und magyarischen Einschlag; wir wußten aber kaum, daß dort auch noch Italiener und Rumänen wohnten und daß die Slawen in viele Zweige zerfielen (Ruthenen, Polen, Slowaken, Tschechen, Slowenen, Kroaten, Serben, Bulgaren). Mindestens hielten wir das sog. „Cisleithanien" für ein deutsches Staatengebilde; es wohnten hier jedoch nur 35,7 % Deutsche, die aber 68,2 % der Gesamtsteuern aufbrachten; im stehenden Heer waren 44 % Deutsche, 21 % Tschechen, 15 % Polen, 11 % Ruthenen usw. Die wichtigsten Nationalitäten waren in der Gesamtmonarchie:

Deutsche . .	12000000, gleich 23,3 %	Rumänen . . .	3200000, gleich 6,2 %
Slawen	24200000, gleich 47,2 %	Italiener . . .	800000, gleich 1,6 %
Magyaren . . .	10100000, gleich 19,6 %		

Wir hielten die Habsburgische Monarchie auch vom religiösen Standpunkt für einen einheitlichen, nämlich römisch-katholischen Staat, obwohl zu den rd. 34000000 römischen Katholiken noch 5400000 griechische und 3500000 russisch-orthodoxe Christen, dazu 5600000 Evangelische, 2300000 Juden und 600000 Mohammedaner hinzukamen.

Auch die Stärke der geographischen und politischen Einheit haben wir meist überschätzt, da wir die Verkehrsbedeutung und hiermit die zusammenhaltende Kraft der Donau zu hoch bewerteten. Die beiden Reichsteile hatten aber getrennte Verfassung und Verwaltung; es gab nur drei gemeinsame Reichsministerien (für Äußeres, Landesverteidigung und Reichsfinanzen, also nicht für Verkehr); beide Reichsteile trieben eine selbständige Wirtschafts- und Verkehrspolitik, was bei den so verschiedenen wirtschaftlichen und verkehrsgeographischen Verhältnissen die Einheit stark schwächte.

Der andere häufige Fehler ist der, daß wir die Stärke der politischen Spannungen im Donauraum, namentlich in seinem südöstlichen Teil überschätzen. Schuld hieran sind wohl hauptsächlich der Parlamentarismus und die Presse, die jeden kleinen Gegensatz (aus Politik und Sensationssucht) aufbauschen, und die vielen, noch frisch im Gedächtnis haftenden Kriege der letzten Zeit. Wir sollten aber nicht vergessen, daß auch starke einigende Kräfte vorhanden sind. Zu nennen sind hauptsächlich: die vielhundertjährige Leidenszeit unter der Türkenherrschaft und die gemeinsamen Freiheitskriege; eine gewisse gemeinsame Ablehnung des westeuropäischen Kapitals, das ja auch schwere Sünden begangen hat; auch eine gewisse Abneigung dieser noch natürlich empfindenden Bauern- und Hirtenvölker gegen die westeuropäische Zivilisation; ferner der starke Lebenswille dieser „jungen Völker", die eine große Zukunft vor sich sehen. Dazu kommen die wirtschaftspolitischen Erwägungen dieser so entwicklungsfähigen Agrarländer, die unter sich keine großen wirtschaftlichen Gegensätze, aber manche gemeinsamen Interessen gegenüber den westlichen Industriestaaten haben; und schließlich setzt sich immer mehr die Erkenntnis durch, daß der Ausbau des Verkehrsnetzes ein gemeinsames Handeln erfordert.

IV. Der Verkehr in den wichtigsten Teilgebieten.

So stark und vielfältig die Verkehrsverflechtungen innerhalb des von uns betrachteten Gesamtraums sein mögen, so wird doch wesentlich an Klarheit gewonnen, wenn wir unsere Untersuchungen in drei Teile gliedern, nämlich:

Der Verkehr im östlichen Mittelmeerraum,
Der Verkehr Deutschland—Südosteuropa und
Der Verkehr innerhalb des Vorderen Orients.

A. Der Verkehr im östlichen Mittelmeerraum.

Hinsichtlich der Verkehrsgruppen läßt sich der Verkehr im Mittelmeerraum nach den folgenden geographischen (regionalen) Beziehungen aufteilen:

a) Verkehr innerhalb des Mittelmeergebiets, und zwar:
1. Binnenverkehr der einzelnen Länder (Staaten),
2. Verkehr zwischen Nachbarstaaten,
3. Nordsüdverkehr, — den politischen Kraftlinien folgend,
4. Levanteverkehr;

b) Außenverkehr („Welt“-Verkehr), und zwar
1. der Verkehr der Mittelmeerländer mit Übersee,
2. der Durchgangsverkehr (Suezverkehr).

Zu diesen 6 Gruppen ist kurz folgendes zu bemerken:

Der Binnenverkehr, der innerhalb eines bestimmten Staates bleibt, kann im Mittelmeerraum im allgemeinen nicht stark entwickelt sein, weil jeder Staat in sich keine großen Unterschiede im Wirtschaftsleben aufweist, bzw. deshalb nicht, weil die Gebiete mit niedriger Wirtschaftsstufe (also meist die trockenen Innengebiete) dünn besiedelt sind, und weil die Gebiete mit hoher Wirtschaftsstufe (also meist die feuchten Randgebiete) zwar dicht besiedelt, aber stark selbstgenügsam (autark) sind. In den meisten Staaten entstehen daher keine auf der Anziehungskraft des Ungleichartigen beruhenden starken Verkehrsspannungen; Ausnahmen bestehen etwa zwischen Nord- und Süditalien oder zwischen der europäischen Türkei und dem mittleren Anatolien, desgleichen in Ägypten wegen der einseitigen Pflege der Baumwollkultur.

Auch der Verkehr zwischen Nachbarstaaten steht im allgemeinen unter dem Zeichen der geringen Anziehungskraft des Gleichartigen.

In diesen Raum müßte seiner ganzen geographischen Struktur nach der Verkehr zwischen Küste und Gegenküste die Hauptrolle spielen, der sonst an vielen Stellen der Erde mit die stärksten Verkehrsspannungen auslöst; hinzuweisen ist z. B. auf den Verkehr quer über den Kanal oder über die Ostsee oder über den Golf von Mexiko oder über das Gelbe und Japanische Meer. Aber im Mittelmeerraum haben sich die einander gegenüberliegenden Küstenstriche „wenig zu sagen“, weil sie alle ungefähr die gleichen Güter erzeugen, und weil im Hinterland kaum irgendwelche Sondergüter gewonnen werden, die einen stärkeren Absatz zu Gegenküsten haben; zu nennen wäre höchstens der Schwefel Siziliens und für einige Stellen Zement, für andere Holz. Auffallend gering — und auch dem Reisenden fühlbar werdend — ist z. B. der Verkehr zwischen den Küsten je des Tyrrhenischen, Adriatischen und Ägäischen Meers, der Querverkehr über die Adria, desgleichen der zwischen Unteritalien und Nordafrika. Stärker war früher der Verkehr zwischen Griechenland und den Küsten Kleinasiens entwickelt; er hat aber unter den politischen Verschiebungen gelitten.

Zu erwähnen ist aber in diesem Sinne der besondere Nordsüdverkehr, der bestimmten politischen Kraftlinien folgt, also der Verkehr zwischen Spanien, Frankreich und Italien einerseits und ihren in Nordafrika liegenden Kolonien und Einflußgebieten anderseits. Hierbei konnte Spanien infolge seiner wirtschaftlichen und politischen Schwäche bisher keine große Stoßkraft entwickeln, obwohl es von Marokko nur durch die schmale Meeresstraße von Gibraltar getrennt ist; Spanien kann aber einmal eine besondere Bedeutung erhalten als Durchgangsland zwischen Europa, Westafrika und Südamerika; die Untertunnelung der Meerenge stellt man sich allerdings meist einfacher und billiger vor, als sie sein wird; auch die Verschiedenheit der Spurweiten ist zu beuchten. Sehr rege sind die Verkehrsbeziehungen zwischen Frankreich und seiner Allas ländern; der Wettbewerb der von dort einströmenden Erzeugnisse des Garten-, Obst- und Weinbaus wird, wie oben angedeutet, vom französischen Bauern schon recht unangenehm empfunden. Der Verkehr zwischen Italien und Tripolitanien wird von der Regierung tatkräftig gefördert.

Unter Levanteverkehr ist der Verkehr zwischen den Häfen Nordwesteuropas, des westlichen Mittelmeers und des Adriatischen Meers einerseits und den Häfen des Schwarzen Meers, der kleinasiatischen und syrischen Küste anderseits zu verstehen; der Verkehr mit Ägypten wird vielfach mit eingeschlossen, zumal viele Schiffsverbindungen (nach Syrien) Ägypten mitberühren und jetzt auch die Eisenbahnnetze zusammengeschlossen sind. Der Levanteverkehr ist für unsere Betrachtungen bedeutungsvoller als die vorstehend betrachteten Verkehrsbeziehungen.

Im Levanteverkehr wird die starke Anziehungskraft des Ungleichartigen wirksam, indem das Abendland Industrieerzeugnisse nach dem Osten liefert, während das Morgenland mit landwirtschaftlichen Erzeugnissen bezahlt; sehr groß war früher die Ausfuhr von Getreide aus Südrußland; die Fruchthaine der kleinasiatischen und syrischen Küste liefern Olivenöl, Wein, Rosinen, Südfrüchte, Feigen; die Hochländer und Steppen Wolle; Ägypten und einige für diese Kultur neu erschlossene Gebiete Baumwolle.

Von großer Bedeutung ist bei einzelnen Ländern, namentlich bei der Türkei (und Griechenland) die Ausfuhr von Tabak; von weltwirtschaftlicher Wichtigkeit ist die Ausfuhr von Öl aus den alten Ölfeldern Rumäniens und Kaukasiens, den jüngeren Irans und den ganz jungen Mosuls; hierbei kann man die Ausfuhr aus Iran allerdings nicht mehr zum „Levante"verkehr rechnen, da sie durch den Suezkanal geleitet werden muß.

Abgesehen von Öl und Baumwolle muß allgemein im Handel und Verkehr des Orients beachtet werden, daß er viele Güter erzeugt, auf die die Abnahmeländer stark verzichten oder die sie von anderswo einführen können. Ferner ist noch darauf hinzuweisen, daß die Häfen der nördlichen Adria (Venedig, Triest, Fiume und Sussak) gerade im Levanteverkehr eine große Rolle spielen, wobei sie sich nicht zuletzt auf die Handelsbeziehungen zwischen dem Orient und Deutschland und auf die östlichen Alpenbahnen stützen.

Über den Verkehr der Mittelmeerländer mit Übersee ist in unserm Zusammenhang kaum etwas zu bemerken; denn die für diesen Verkehr maßgebenden Häfen liegen sämtlich zu weit westlich; der östlichste dieser Häfen ist Triest, von wo regelmäßige Schiffslinien nach dem Atlantischen Ozean und durch den Suezkanal ausstrahlen; die Häfen des Vorderen Orients sind aber noch keine Ausstrahlungspunkte für den Überseeverkehr, — wenigstens nicht für regelmäßige Fahrten von einiger Bedeutung.

Dagegen kann die Bedeutung des Durchgangsverkehrs, also des Verkehrs durch den Suezkanal, kaum überschätzt werden.

Die Suezstraßen bilden das zweitwichtigste Straßensystem der Welt; das wichtigste ist das sog. nordatlantische System zwischen Nordwesteuropa und der atlantischen Küste von Nordamerika. Der Suezverkehr entspringt im Westen in drei Quellen sehr verschiedener Stärke, nämlich im „Zentralbecken des Weltverkehrs" (Kanal—Nordsee), in New York und in den Großhäfen des Tyrrhenischen und Adriatischen Meers; und er verzweigt sich nach vier Hauptrichtungen: Ostafrika, Indien, Australien und Ostasien. Aus dem indischen, nach Karatschi führenden Ast zweigt die Linie nach dem Persischen Golf ab, die von den Ländern des Vorderen Orients Südostarabien, Irak und Iran an den Weltverkehr anschließt. Sie bildet den wichtigsten südlichen Zugang zum Zweistromland und zu den Ölgebieten Irans; von hier aus ist der Anschluß an die Bagdadbahn vollendet, und von hier aus ist der Eisenbahnbau nach Iran (Teheran) ebenfalls vollendet.

Dagegen hat der Suezkanal bisher fast keinen Lokalverkehr hervorgerufen. Der Verkehr Suezkanal—Rotes Meer gleitet an den benachbarten Küsten (Ägypten und Arabien) fast beziehungslos vorbei. Besonders gering ist der Einfluß des Suezkanals auf Arabien; denn keine Durchgangslinie läuft auf der rd. 2500 km langen Fahrt durch das Rote Meer einen arabischen Hafen an; dagegen wird auf der afrikanischen Seite Port Sudan von manchen Linien angelaufen. Die Vernachlässigung Arabiens ist hauptsächlich auf seine ungünstigen geographischen, außerdem auf die politischen und religiösen Verhältnisse zurückzuführen — aber Arabien ist jetzt erwacht, und es wird noch eine Rolle spielen!

Über die Verkehrsarten, die im Mittelmeerraum zu bewegen sind, ist zu bemerken, daß hier der Personen- und Nachrichten- und der Verkehr in hochwertigen und leichtverderblichen Gütern eine vergleichsweise große, daß dagegen der Massengüterverkehr eine vergleichsweise kleine Rolle spielt; das tritt besonders dann in die Erscheinung, wenn man von den Verkehrsverhältnissen Nordwesteuropas und des östlichen Nordamerika, also von denen der „hochindustrialisierten" Erdräume ausgeht. Diese andersartige Struktur des Verkehrs ist in dem Mangel an Kohlen und der bisher geringen Entwicklung der Großindustrie, in der Erzeugung der vielen hochwertigen Nahrungs- und Genußmittel (Olivenöl, Wein, Obst, Gemüse, Nüsse, Tabak, Rosinen) und auch in dem starken Erholungs- und Vergnügungsverkehr begründet. — Die Verkehrsanstalten können also bezüglich ihrer wirtschaftlichen Erfolge (Einnahmen) nicht mit so großen Mengen rechnen wie bei uns; dafür sind aber die Güter durchschnittlich etwas höherwertig, also auch zahlungsfähiger. — Dieser Hinweis gilt auch für die Wirtschaftsführung der Verkehrsanstalten in den Randländern; — wir kommen hierauf noch zurück.

B. Der Verkehr Deutschland-Südosteuropa.

Einleitung.

Durch die Rückgliederung der Ostmark und der Sudetenländer in die großdeutsche Heimat und durch die weiteren politischen Ereignisse ist auch eine große Verkehrseinheit geschaffen worden. Ihre Bedeutung liegt aber nicht etwa nur innerhalb der deutschen Grenzen, sondern sie strahlt über ganz Mitteleuropa aus, und sie beeinflußt besonders stark den südöstlichen Teil des europäischen Lebensraumes. Vielleicht wird die Zukunft lehren, daß die Wirkungen für Ungarn, Kroatien, Serbien und Bulgarien ähnlich groß und günstig sind wie für Deutschland; und spüren wird man sie sicher über Istanbul und Saloniki bis nach Syrien und Ägypten und zum Suezkanal hin.

Die durch die Rückgliederung bewirkten grundlegenden Verbesserungen beruhen darauf, daß einerseits der unglückselige, lebensunfähige Rumpfstaat Österreich verschwunden ist, und daß andererseits die künstlich aufgeblähte und hierdurch mit fremdem Volkstum belastete Tschecho-Slowakei nunmehr vernünftig aufgeteilt worden ist; es sind also sinnlose, für die Wirtschaft und namentlich für den Verkehr höchst ungünstige politische Grenzen gefallen. Die Schuld daran, daß diese unheilvollen Zustände entstanden oder vielmehr künstlich geschaffen worden sind, tragen die Politik und der Haß jener bekannten Politiker von Versailles, die durch ihre Handlungen auch eine erschreckende Unkenntnis in den geographischen, völkischen und verkehrstechnischen Problemen bewiesen haben.

Österreich, politisch ein selbständiger Staat, der aber wirtschaftlich in Abhängigkeit fremder Mächte gehalten wurde, hat schon einfach durch sein Bestehen den durchgehenden Verkehr zwischen all seinen Nachbarländern gelähmt und hierdurch sein eigenes Volk und alle Nachbarvölker geschädigt; denn die politischen Grenzen dieses in Abb. 9 dargestellten Kleinstaates von so unglücklicher Gesamtform brachten all die Hemmungen, Störungen und Kostenerhöhungen mit sich, mit denen nun einmal der Verkehr an den Staatsgrenzen belastet ist.

Hierdurch stellte Österreich ein ausgesprochenes Schwächefeld für den internationalen Verkehr dar, denn es ist nicht in harmonischer Entwicklung langsam gereift, sondern durch sinnlose, grausame Zerstückelung künstlich geschaffen worden; es war daher wirtschaftlich kaum lebensfähig, und es konnte

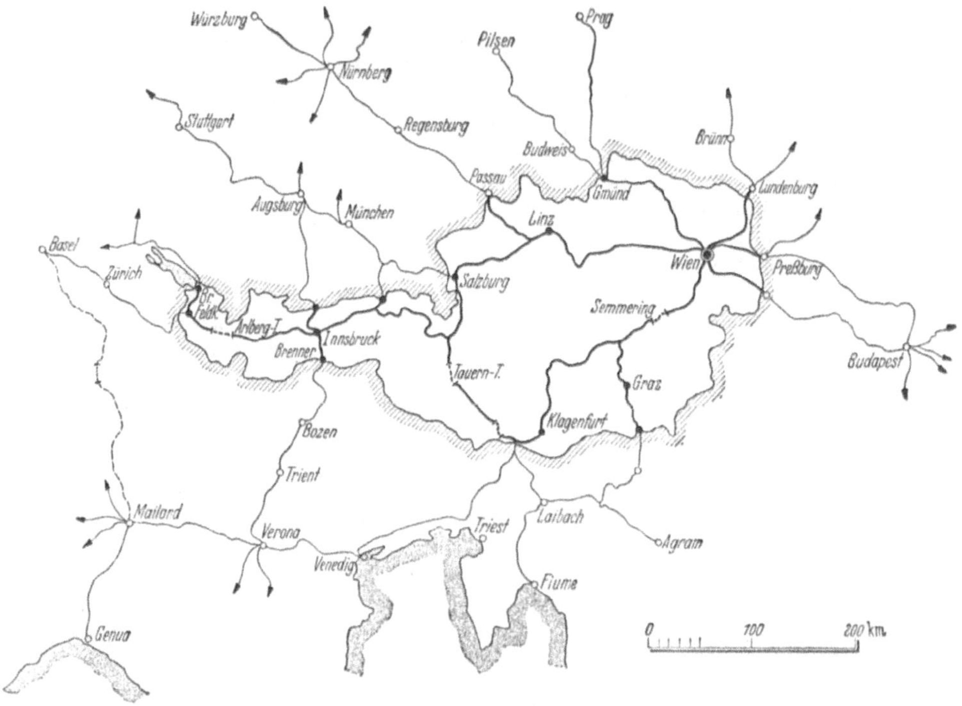

Abb. 9. Der Rumpfstaat Österreich.

auch nicht die Mittel aufbringen, die für eine harmonische Eingliederung seines Verkehrssystems in die neuen politischen Grenzen notwendig gewesen wären. Diese Schwierigkeiten wurden noch dadurch verschärft, daß der Verkehr Österreichs an besonderen natürlichen und politischen Mängeln krankte, nämlich an den Erschwernissen und Kostenerhöhungen, die nun einmal mit dem Hochgebirge verbunden sind, an der Zusammenballung des Verkehrs in dem für den so klein gewordenen Staat viel zu großen „Wasserkopf" Wien, an den krassen Unterschieden in der Bevölkerungsdichte und an dem Ausschluß vom Meer. Dieser schwache Staat sollte nun die furchtbaren Wunden heilen, die der Weltkrieg seinen Eisenbahnen geschlagen hatte, gleichzeitig den ganzen Betrieb auf die durch die neuen Grenzen verursachten neuen Verkehrsbeziehungen umstellen und dabei noch die Kostenerhöhungen tragen, die dadurch entstanden, daß (außer der Arlbergbahn) alle wichtigen Hauptlinien kurze Stummelstrecken geworden waren. Bei vorurteilsfreier Würdigung all dieser Schwierigkeiten kann ein Fachmann niemandem Vorwürfe deswegen machen, daß das „Schwächefeld", das das österreichische Eisenbahnnetz im europäischen Gesamtnetz darstellte, nicht zu ausreichender Stärke emporgehoben worden ist.

Im Gegensatz zu Österreich, das durch Verstümmelungen geschaffen wurde, haben die Politiker der Friedensdiktate in der in Abb. 10 dargestellten Tschechoslowakei einen Staat geschaffen, der zu einem gekünstelten Gebilde aufgebläht wurde, in das mehrere Millionen fremder Volksgruppen hineingepreßt wurden. Dieser Staat hätte zwar wirtschaftspolitisch nicht zu einem Schwächefeld zu werden brauchen, denn er war von der Natur mit fruchtbaren Böden, gutem Klima und reichen Bodenschätzen gesegnet worden und wurde von einer dichten, fleißigen und berufstüchtigen Bevölkerung bewohnt, — war doch Böhmen dereinst das reichste Kronland der habsburgischen Monarchie. Aber die klugen Politiker hatten übersehen, daß auch für das Staatsleben der Mensch die entscheidende Größe ist, und daß ein Staat durch das Hineinpressen fremder Volksgruppen nicht stärker, sondern schwächer wird, zumal dann, wenn diese zu ihren

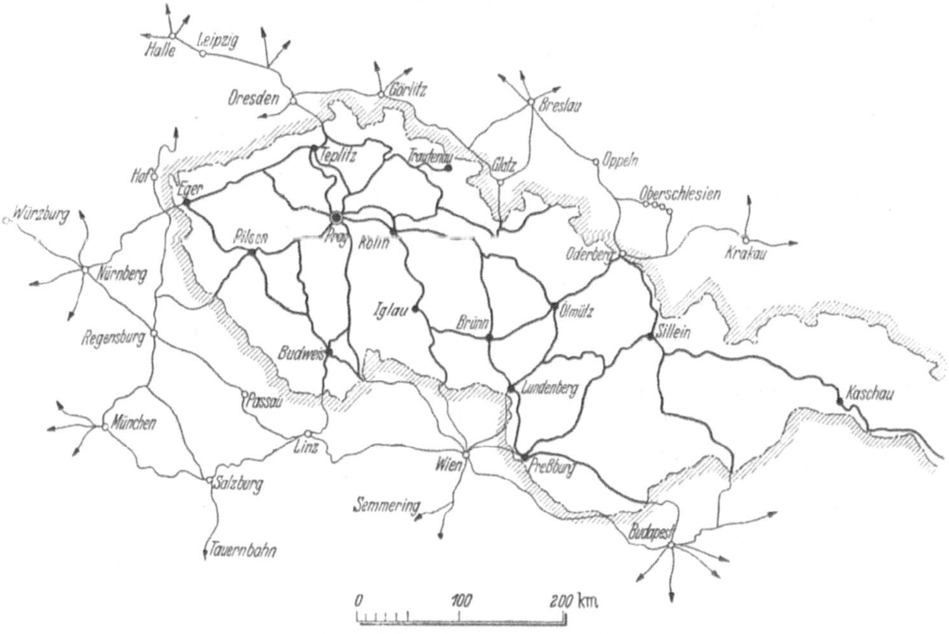

Abb. 10. Die Tschechoslowakei bis 1938.

Stammvölkern zurück wollen. Außerdem hat dann das sog. „tschechische Staatsvolk“ oder vielmehr eine politische Clique, die sich auf dieses stützte, alles getan, um die Minderheiten zu unterdrücken und wirtschaftlich zu verelenden; hierdurch aber wurde letzten Endes die Wirtschaftskraft des ganzen Landes geschwächt.

Vom Verkehrsstandpunkt aus würde die Tschechoslowakei aber auch trotz ihres natürlichen Reichtums und ohne die schweren politischen Fehler ein Schwäche- und Störungsfeld geblieben sein, und zwar zunächst (ähnlich wie Österreich) einfach durch ihr Bestehen; denn dieser Mittelstaat lag mit seiner unglücklichen Gestalt und seinen unmöglichen Grenzen so in Mitteleuropa, daß alle Nachbarländer, die auf Güteraustauch untereinander so dringend angewiesen sind, durch ihn künstlich auseinandergerissen wurden. Außerdem waren durch die politischen Gewaltsprüche wichtige Knotenpunkte, die naturgemäß zu den Nachbarnetzen gehören, aus diesen herausgeschnitten und der Tschechoslowakei zugeschanzt worden. Ferner trieb die in Prag herrschende, aber von dem Feindbund so abhängige politische Richtung eine Wirtschafts- und Verkehrspolitik, die bewußt gegen die Nachbarstaaten gerichtet war und gleichzeitig aus der Hauptstadt Prag ein Weltverkehrszentrum machen wollte; daß sich beides nicht miteinander verträgt, sondern daß jeder Klein- und Mittelstaat darauf angewiesen ist, im Verkehr mit den Nachbarn zusammenzugehen, das hatte man offensichtlich nicht bedacht.

Durch die großen politischen Ereignisse der Jahre 1938 und 1939 sind nun diese beiden Schwäche- und Störungsfelder beseitigt worden. Österreich ist in Großdeutschland aufgegangen; die politische Grenze, die Wirtschaft und Verkehr zerschnitt, ist gefallen; der einheitliche deutsche Wirtschafts- und Verkehrsraum grenzt unmittelbar an Ungarn, Kroation und Italien, die Wege zwischen ihm und dem Südosten und der Adria stehen offen. Die österreischischen Fernverkehrsanlagen sind zu Gliedern der Deutschen Reichsbahn, Reichspost usw. geworden. Die einheitliche deutsche Verkehrspolitik kennt nur noch den bis zu den genannten Staaten reichenden einheitlichen deutschen Lebensraum, sie will mit ihnen und über sie hinaus mit dem Südosten enge Beziehungen pflegen, wie es die Natur für diese Gebiete vorschreibt, die sich in ihrer gesamten Wirtschaft so glücklich ergänzen. Deutschland hat auch den Willen und die Kraft, in Österreich in der Ausgestaltung und Verbesserung der Verkehrsanlagen all das nachzuholen, was der zerstückelte Rumpfstaat Österreich nicht hat leisten können.

Die Tschechoslowakei ist als das unglückselige politische Gebilde, das sich von Osten her zwischen Norddeutschland (mit den maßgebenden Knotenpunkten Dresden und Breslau) und Deutschösterreich (mit dem großen Verkehrszentrum Wien) als trennender Keil einschob, verschwunden; Rußland, Deutschland, die Slowakei und Ungarn haben dadurch verkehrsgünstige gegenseitige Grenzen erhalten, für Eisenbahn, Binnenwasserstraße und Kraftwagen sind unerträgliche Hemmungen gefallen.

Im Verfolg der genannten politischen Ereignisse wird sich der Verkehrsschwerpunkt Europas oder vielmehr des europäischen Lebensraumes mehr nach Osten verschieben. Allgemein entspricht dies schon seit längerer Zeit der Verschiebung in der Zusammensetzung der Bevölkerung Europas. Dies ergibt sich für das „Europa" im alten Sinne des Wortes, nämlich für den Kontinent Europa (also mit Rußland, aber ohne die südlichen und östlichen Randgebiete des Mittelmeeres) aus folgender Zusammenstellung:

Von der Bevölkerung Europas waren in %	1810	1910	1935
Germanen	31	34	30
Romanen	34	24	24
Slawen	35	42	46

Für den Verkehr Europas sind aber nicht nur diese Zahlen maßgebend, sondern es ist noch zu beachten, daß die slawischen Völker sich in einem wirtschaftlichen und kulturellen Aufschwung befinden, daß ihr Verkehr also relativ, d. h. je Kopf der Bevölkerung, ansteigt, daß dagegen Westeuropa durch den furchtbaren Bürgerkrieg in Spanien und den Zusammenbruch Frankreichs an Wirtschaftskraft und an Einfluß in Süd- und Osteuropa verloren hat.

1. Geographische Grundlagen.

a) Die Beckenlandschaften (vgl. Abb. 11).

In Abb. 11 ist auch die Klimascheide zwischen dem europäischen und dem russisch-sibirischen Lebensraum durch die „Westgrenze der kalten asiatischen Winter" angedeutet; man beachte hierbei, daß die Walachei und die untere Donau schon den Übergang in die südrussische Klimaprovinz darstellen.

Innerhalb des einheitlichen europäischen Lebensraumes bildet der sog. „Südostraum" das Kernstück der von den politischen Umgestaltungen betroffenen Gebiete. Wir müssen uns daher zunächst mit der Geographie dieses Raumes beschäftigen und ihn vom natürlichen, wirtschaftlichen, verkehrstechnischen, völkischen und politischen Standpunkt aus betrachten.

Der Südostraum bildet einen Teil des sog. Donauraumes; hierunter ist nicht unbedingt das durch die Wasserscheiden umgrenzte Abwässerungsgebiet des Donaustromes zu verstehen, vielmehr verlaufen die Verkehrsscheiden an vielen Stellen anders als die Wasserscheiden. Insonderheit gravitiert der deutsche und böhmische Teil des Donaugebietes, bis zur Linie Maloja (Engadin)—Wien—Oderberg mehr zur Nordsee als zum Mittelmeer. Die Verkehrsscheide folgt hier also nicht der europäischen Hauptwaserscheide, sondern dem Hauptkamm der Alpen; andererseits sind Mazedonien und der Raum Istanbul noch zum Donauraum zu rechnen.

Abb. 11. Der europäische Lebensraum mit Angabe der den Südostraum bestimmenden Gebirgszüge und ihrer Durchbrechungen.

Bei der Festlegung einheitlicher Erdräume dürfen wir ja überhaupt nicht nur von dem einen bestimmenden Faktor der Binnenwasserstraße ausgehen, sondern wir haben die anderen Faktoren, Gebirge, Ebenen, Küsten, Klima und Völker, mit zu berücksichtigen. Für verkehrstechnische Betrachtungen muß der einheitliche Raum auf jeden Fall zwei Kennzeichen aufweisen, nämlich:

einen gewissen Abschluß nach außen hin und

eine gewisse Verkehrsleitfähigkeit (Wegsamkeit) im Innern.

Der Abschluß nach außen hin wird durch Grenzen bewirkt, und zwar durch solche, die den Verkehr behindern, namentlich durch Kammgebirge, ausgedehnte Wälder und Steppen (oder Wüsten); sie sind für den Abschluß des Donauraumes in gewissen Alpenketten, den Dinarischen Alpen, den Karpathen und der südrussischen Steppe zu erkennen.

Die Verkehrsleitfähigkeit im Innern wird durch ausgedehnte Tiefebenen, zusammenhängende Talbildungen und einheitliche Flußsysteme gefördert, dagegen durch Binnengrenzen eingeschränkt, im Donauraum z. B. durch die Transsylvanischen Alpen und das Kammgebirge des Balkans. Die Leitfähigkeit des gesamten Donauraumes beruht nicht, wie oft angenommen wird, hauptsächlich auf der Wasserstraße der Donau, sondern auf den großen Beckenlandschaften und auf den Durchbrüchen, durch die diese miteinander verbunden sind. Man kann hier vom verkehrs-, insbesondere vom eisenbahngeographischen Standpunkt aus folgende „Becken" — d. h. in sich verkehrsgünstige Gebiete — unterscheiden:

1. Das nach Norden zu weitergefaßte deutsche Alpenvorland mit den Knotenpunkten Augsburg, München und Nürnberg.

2. Das Donautal zwischen Passau und Wien.

3. Die Senke des Marchtales mit ihren Übergängen zur Elbe (also in den böhmischen Kessel) und zur Oder und Weichsel (also in die nordeuropäische Tiefebene).

4. Die oberungarische Tiefebene.

Die drei Landschaften 2., 3. und 4. sind in dem großen Knotenpunkt Wien untereinander verklammert.

5. Die niederungarische Tiefebene mit Budapest als dem beherrschenden, aber aus der Mitte verschobenen Knotenpunkt.

Die beiden unter 4. und 5. genannten Ebenen bilden das Kernstück des mittleren Donauraumes.

6. Die Walachei und die Moldau, dazu Bessarabien, Nordbulgarien und die Dobrudscha.

7. Die Talbildungen der Mariza, also das Gebiet südlich des Balkans und östlich des Rhodopegebirges, keine Ebene, sondern recht gebirgig (höchste Erhebung 1035 m), aber trotzdem ein Verkehrssammelbecken.

b) Die Binnengrenzen.

Diese dem Verkehr günstigen Landschaften werden durch Binnengrenzen voneinander geschieden. Die wichtigsten sind:

1. Die Gebirge zwischen Böhmerwald und Ostalpen, von der Donau bei Passau durchbrochen.

2. Die Gebirge zwischen Alpen und Karpathen, bei Preßburg durchbrochen.

3. Der Gebirgszug zwischen Bakonywald und Tatra, die ober- und niederungarische Tiefebene voneinander trennend, bei Waitzen durchbrochen.

Zu 2. und 3.: diese beiden Durchbrüche verursachen eine starke Zusammenziehung des Haupteisenbahnnetzes, das hier nur aus den beiden Hauptbahnen Wien—Budapest (nördlich und südlich der Donau) besteht.

4. Die Ostkarpathen und die Transsylvanischen Alpen, beide ein zusammenhängendes Waldgebirge bildend, das Siebenbürgen von der Moldau und Walachei trennt.

Dieses Gebirge steigt (in größeren Flächen) zwar nur bis etwa 2000 m an, zeigt aber keine tiefen Pässe, die günstigsten liegen immerhin 846 und 1040 m hoch. Früher bildete das Gebirge die Grenze zwischen der habsburgischen Monarchie und Rumänien, es bestand also kaum ein Anreiz, es mittels kostspieliger Eisenbahnen zu überwinden. Heute bildet das Gebirge eine starke Binnengrenze innerhalb Rumäniens, und es ist deshalb nach dem Weltkrieg durch den Teliutunnel durchbrochen worden.

Die Transsylvanischen Alpen sind glücklicherweise durch den Fluß Alt (Oltu) durchbrochen, so daß hier der Rote-Turm-Paß nur 352 m hoch liegt. Dem Alt ungefähr gegenüber mündet von Süden her in die Donau der Isker, der, von Sofia kommend, den Balkan durchgenagt hat.

5. Die westlichen Teile der Transsylvanischen Alpen und des Balkans. Diese Binnengrenze setzt sich zwar aus bestimmten Teilen der unter 4. und 6. aufgeführten Binnengrenzen zusammen, ist aber als selbständig zu bezeichnen, weil

sie die beiden großen Tiefebenen Ungarns und der Walachei und hiermit die vier Staaten Ungarn, Serbien, Rumänien und Bulgarien voneinander trennt. Diese Binnengrenze ist von der Donau im „Eisernen Tor" durchbrochen; es entsteht hierdurch ein Raum, der große verkehrsgeographische Zukunftschancen enthält.

6. Der Balkan selbst. Dieser trennt in seinem westlichen Teil Serbien von Bulgarien und macht in seinem Hauptteil das Königreich Bulgarien zu einem „Sattelstaat", gibt ihm also eine verkehrsgeographisch ungünstige Form. Der Balkan zeigt bei 600 km Länge, aber nur 30 km Breite zwar nur mittlere Erhebungen zwischen 1000 und 1300 m; er hat aber ähnlich wie die Karpathen (umgekehrt wie die Alpen) keine tiefen Einsattelungen, so daß die wichtigsten Pässe zwischen rd. 880 und 1330 m Höhe liegen. Nur der schon erwähnte Iskerdurchbruch gibt dem Verkehr einen günstigen Weg.

7. Als letzte Binnengrenze sind die Gebirge zu nennen, die Bulgarien von Serbien und Griechenland trennen; als wichtigsten Teil kann man das Rhodopegebirge bezeichnen. Es wird von der Orientbahn Belgra—Nisch—Sofia in einer Höhe von 660 m überschient.

c) Die Donau als Wasserstraße.

Von den Flüssen braucht in unserem Zusammenhang nur die Donau besprochen zu werden. Für die anderen Wasserwege genügen folgende Hinweise:

Ungarn besitzt in den Grenzen von 1940 ein Netz von insgesamt 2130 km „schiffbaren" Wasserstraßen; außer seiner 500 km langen Donaustrecke sind Theis, Drau, Körös und Plattensee für Schiffe bis zu 650 t schiffbar. In „Jugoslawien" sind außer der 522 km langen Donaustrecke die Save auf 600 km, die Drau auf 160 km und die Theis auf 153 km schiffbar. Die Gesamtlänge der jugoslawischen Wasserstraßen wird mit 2000 km angegeben. In Rumänien sind, außer der Donau, Pruth und Sereth knapp schiffbar.

In diesen Andeutungen kommt schon zum Ausdruck, daß man die Bedeutung der Donau und ihrer Nebenflüsse für den Verkehr nicht überschätzen darf, daß es also nicht das Wasserstraßennetz ist, das diesen Raum wirtschaftlich und verkehrstechnisch zusammenhält.

Die Donau ist allerdings mit 2850 km Länge der längste Strom Europas (Rhein 1320, Oder 908 km), und ihr Stromgebiet ist mit 817 000 qkm weit größer als das der beiden anderen genannten Flüsse, die nur 224 500 und 118 600 qkm umfassen. Man sollte aber bei der Würdigung der Verkehrsbedeutung von Flüssen nicht die tatsächlichen Längen, sondern die (gebrochenen) Luftlinien zugrunde legen. Die Längen nämlich werden durch die vielen kleinen Krümmungen in die Höhe getrieben, die dem Verkehr nicht günstig sind, sondern vielmehr recht oft schädlich sein können; dagegen hängt die Größe (Länge) des von dem Fluß erschlossenen Gebietes von seiner gebrochenen Luftlinie ab. In Abb. 12 ist daher die ungefähre Länge der gebrochenen Luftlinie der Donau mit der einiger anderer Flüsse in Vergleich gestellt. Die Donau ist also reichlich doppelt so lang wie der Rhein und gut dreimal so lang wie die Elbe. Aber auch hier tut es nicht die äußere Größe, sondern der innere Wert, und dieser ist leider durch bestimmte Naturerscheinungen herabgesetzt:

1. Die Donau wird nicht wesentlich durch Gletscher gespeist, und sie hat keine großen Seen als natürliche Staubecken, ihre Wasserführung ist also recht unregelmäßig.

2. Der Fluß muß mehrere Gebirgsriegel durchbrechen; von ihnen bieten die bei Passau, Preßburg und Waitzen der heutigen Wasserbaukunst zwar keine besonderen Schwierigkeiten, der des Eisernen Tors kann aber trotz aller Arbeiten noch nicht ganz als bezwungen bezeichnet werden.

3. Ein weiterer Nachteil der Donau ist die Eisdeckenbildung im Winter; sie ist natürlich in den verschiedenen Abschnitten und Jahren verschieden. Am

kritischsten ist, daß der Unterlauf (vom Eisernen Tor bis zur Mündung, mit 955 km Länge länger als der Rhein von Rotterdam bis Basel) fast alljährlich auf etwa 40 Tage zufriert, — und das auf der geographischen Breite von Florenz!

4. Ferner mündet die Donau in ein Binnenmeer, und zwar gerade in das Meer, das Europa von Rußland trennt.

5. Schließlich geht das einzige Massengut des Donaugebietes (Getreide) bergauf, von SO nach NW der Stromrichtung entgegen.

d) Das Siedlungswesen.

Über die Bevölkerung und die Religionen des Südostraums möchten wir keine statistischen Angaben machen, da alle Zahlen vorläufig noch zu unzuverlässig sind. Als wesentlichste Punkte haben wir nur hervorzuheben, daß die Bevölkerungsdichte kleiner ist als in Westeuropa, und daß die Verstädterung noch

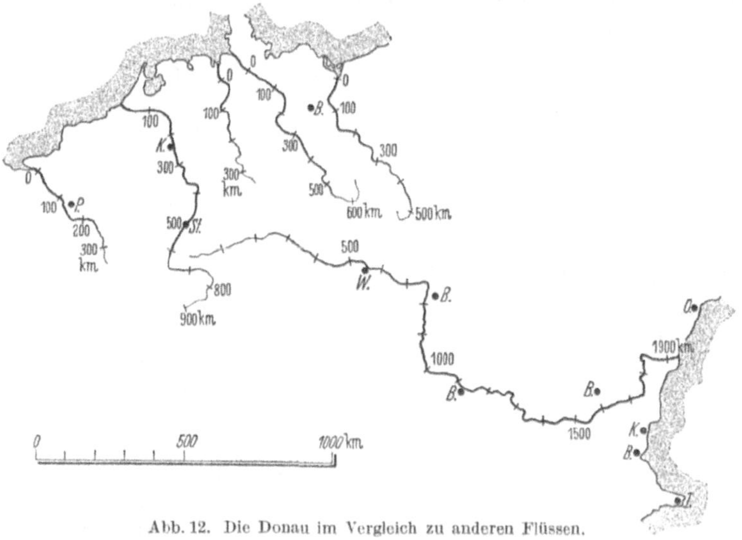

Abb. 12. Die Donau im Vergleich zu anderen Flüssen.

nicht weit fortgeschritten ist. Südosteuropa zeigt also insgesamt günstigere Verhältnisse als das übervölkerte, hochindustrialisierte Mittel- und Westeuropa.

Die Bevölkerungsdichte Europas nimmt gemäß Abb. 13 von West nach Ost ab; sie mag im ganzen Südostraum durchschnittlich bei 70 Einwohnern je qkm liegen; für die einzelnen Staaten werden folgende Zahlen angegeben: Ostmark (früher Österreich) 78, Ungarn 95, Jugoslawien 57, Bulgarien 59, Rumänien 64, Griechenland 49, Albanien 29.

Innerhalb der einzelnen Staaten schwankt die Bevölkerungsdichte stark; die Unterschiede werden aber nicht so sehr wie in Westeuropa durch die ungesunden Zusammenballungen in Großstädten oder gar in Industriegebieten verschuldet, sondern durch die Unterschiede in der Fruchtbarkeit; sie sind also naturgemäßer und gesunder, und es werden wohl auch bei zunehmender Industrialisierung nicht die ungesunden Verhältnisse auftreten wie in den alten Industriestaaten und gewissen jungen Kolonialstaaten.

Auch das Verhältnis von städtischer zu ländlicher Bevölkerung ist günstiger. Riesenstädte (mit mehr als 700000 Einwohnern) sind nur drei vorhanden (Budapest, Bukarest und Istanbul); man könnte sie (vom höheren Standpunkt planmäßiger Raumordnung) als „zu groß“ für ihre Staaten bezeichnen, muß aber beachten, daß sie besonders wichtige Verkehrszentren sind und daß ihre Bedeutung als solche weit über die Staatsgrenzen hinausgeht. Großstädte (über 150000) gibt es (außer den genannten Riesenstädten) in Ungarn keine, in „Südslawien“ drei (Belgrad, Agram, Maria-Theresopel), in Bulgarien eine (Sofia), in Rumänien eine (Kischinew, dazu Czernowitz 99000). Für das Jahr 1930 wurden für Bukarest 631000 angegeben. Für Sofia wurden folgende Zahlen angegeben:

1560: 40000.
1653: durch die Pest gesenkt von 45000 auf 35000.
1837: „ „ „ „ „ 50000 „ 45000.
1837: „ „ „ „ „ 65000 „ 25000.
1878: Ende der Türkenzeit 14000.
1937: 320000.

Abb. 13. Verteilung der Bevölkerung Europas.

Eine gewisse starke „Verstädterung“ zeigt ein Teil Ungarns insofern, als hier die Bauern und Hirten in „Städten“ (von 5000—10000 und mehr Einwohnern) leben, vgl. die „Bauernstädte“ in Unteritalien und Sizilien.

Um die „Verstädterung“ im Donauraum im Vergleich zum übrigen Europa richtig beurteilen zu können, seien nachstehend folgende Angaben gemacht:

Die Bevölkerung von Mittel- und Westeuropa ist in den 100 Jahren von 1830 bis 1930 von rd. 138000000 auf rd. 275000000 gestiegen, — wobei noch zu beachten ist, daß außerdem mindestens 20000000 ausgewandert sind, — aus Deutschland allein rund 6000000. Hierbei hat Nordwesteuropa um 74000000 = 53 % der Gesamtzunahme Europas zugenommen; es verfügt aber nur über 29 % der Gesamtfläche! Dagegen haben die slawischen Gebiete nur 27 % zur Gesamtzunahme beigesteuert; sie verfügen aber über 37 % der Fläche.

Die landwirtschaftlichen Besitzverhältnisse sind in Ungarn und besonders in Rumänien in bestimmten Teilgebieten nicht gesund, da hier der Großgrundbesitz zu stark vertreten ist und die „Bauern“ (d. h. die Pächter, Unterpächter, Landarbeiter) eine zu niedrige Lebenshaltung haben. Dagegen zeigen Kroatien, Serbien und Bulgarien im allgemeinen die für jedes Volk gesundeste Form bodenständiger Bauern (und Hirten); hier ist die gesamte völkische Grundlage vortrefflich. Das Verhältnis von ländlicher zu städtischer Bevölkerung ist in Rumänien 74,2 : 25,8, in „Jugoslawien“ 74,9 : 25,1 und in Bulgarien 80,9 : 19,1 %. Es ist nur in Ungarn ungünstig, nämlich 38,3 : 61,7 — eine Folge der Verstümmelung des Landes und des Überwiegens der Hauptstadt; das Verhältnis ist aber durch die Rückgliederungen gesunder geworden.

2. Die besonderen bestimmenden Faktoren.

Wir haben oben ausgeführt, daß der Südostraum sein verkehrsgeographisch einheitliches Gepräge nicht so sehr durch das Wasserstraßennetz der Donau und ihrer Nebenflüsse, als vielmehr durch seinen charakteristischen Abschluß nach außen und besonders durch seine Leitfähigkeit im Innern erhält. Es sind die in Abb. 11 hervorgehobenen, in sich so wegsamen „Beckenlandschaften“ und deren Verbindungen untereinander, die den Raum zu einer Einheit stempeln. Da diese Verbindungen von der Donau geschaffen worden sind, indem sie die Durchbrüche durch die Gebirge hindurchgefressen hat, ist sie weniger als Wasserstraße als vielmehr als Talbildner zu würdigen. Jeder Fluß ist nach Ratzel gleichzeitig ein „Weg von Wasser“ und eine „Rinne im Boden“. Es tut der Bedeutung eines Flusses für den Verkehr keinen Abbruch, wenn im Zeitalter der Eisenbahn seine unmittelbare Bedeutung als Weg abnimmt, denn es steigt ja gleichzeitig seine mittelbare Bedeutung, nämlich als „Rinne im Boden“. Diese Bedeutung ist besonders groß, wenn der Fluß Durchbruchstäler schafft, durch die die Eisenbahn bequeme Eingangspforten in wichtige, in sich gut wegsame Beckenlandschaften erhält.

Dem Verkehr des Südostraumes gibt jedenfalls die Eisenbahn die maßgebenden allgemeinen Züge. Neben ihr haben die übrigen Verkehrsmittel (Straßen, Flüsse und Fluglinien) je in ihren verkehrstechnischen oder regionalen Sonderbereichen zusätzliche Aufgaben zu erfüllen. Nur der Post-, Telegraphen- und Fernsprechverkehr hat neben der Eisenbahn (und zum Teil auf sie abgestützt) noch allgemeine Aufgaben zu erfüllen.

Im Straßenverkehr ist die Verbesserung der vorhandenen Landstraßen und der Bau zahlreicher — aber bescheidener! — Landwege am dringlichsten.

Maßgebend für den Verkehr, und zwar für seine geschichtliche Entwicklung, seine gegenwärtige Größe und Struktur und seine zukünftigen Aufgaben, sind neben den geschilderten geographischen, geschichtlichen, völkischen und wirtschaftlichen Verhältnissen vor allem vier Faktoren:

1. die Lage im Gebiet der europäischen Kettengebirge,
2. die Lage zum Meer,
3. die regen wirtschaftlichen Verflechtungen mit Westeuropa (besonders mit Deutschland) und im Zusammenhang damit die Mengen und Arten der in dem Raum erzeugten Güter und
4. der Durchgangsverkehr, der (in verschiedenen Richtungen) durch den Raum hindurchfließt.

Die Kettengebirge. Der Südostraum bildet nach Abb. 14 einen Teil des Gebiets, das den mittleren Westoststreifen des europäischen Lebensraums bildet. Dieses Gebiet ist für den Verkehr insofern ungünstig, als es gebirgig ist. Insbesondere ist es schlechter gestellt als die große nordeuropäische Tiefebene, die sich ihm nördlich in einem großen, von den Pyrenäen bis Odessa reichenden

Halbkreis vorlagert und hierbei zur weiteren Stärkung ihrer verkehrstechnischen Vorzugsstellung von der Nordsee — dem „Zentralbecken des Weltverkehrs“ — und der Ostsee begleitet wird, so daß an ihr die lange Reihe der großen Häfen von Bordeaux bis Riga liegt.

Der Durchgangsverkehr zwischen Westeuropa und Südrußland fließt also nicht auf kürzestem Wege durch den Südostraum hindurch, sondern am Nordrand der Mittelgebirge entlang über die südliche Tieflandküste, also über die Knotenpunkte Köln—Hannover—Breslau; als äußerste Verkehrsbeziehung ist etwa Bordeaux—Odessa zu nennen.

Welche Gebirgszüge für die Verkehrsverknüpfung Westeuropas mit dem „vorderen“ (westlichen) Teil Südosteuropas maßgebend sind, kann der Leser sich

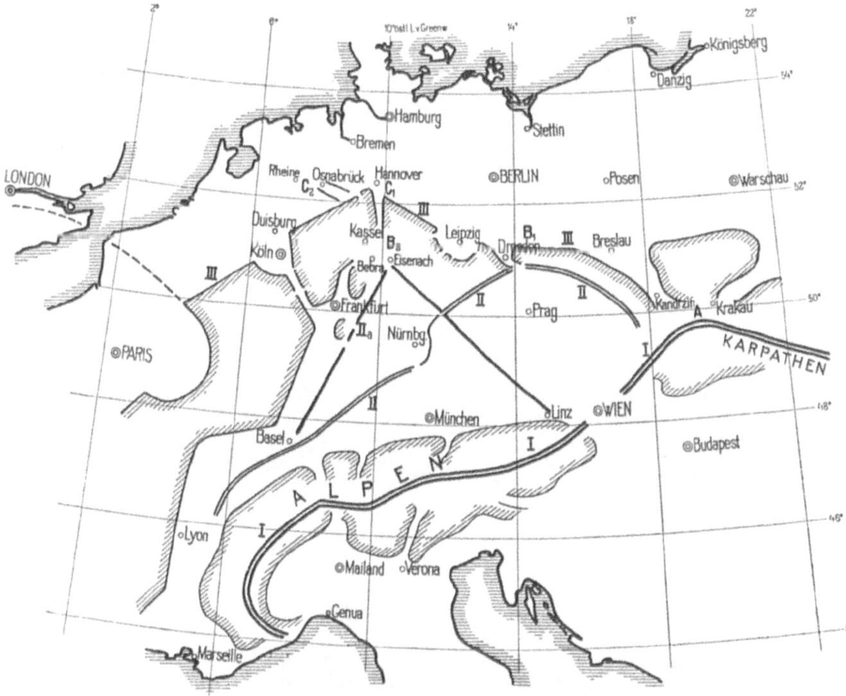

Abb. 14. Die Gebirgszüge zwischen Westeuropa und dem Knotenpunktpaar Wien—Budapest.

aus der absichtlich weitgehend schematisch gehaltenen Abb. 14 ableiten. Insbesondere ist auf die Verkehrsschranken aufmerksam zu machen, die durch die „durchlaufenden“ Gebirgszüge

Lyon—Basel—Nürnberg—Dresden und Eisenach—Linz

gebildet werden und sich, der eine von SW nach NO, der andere von NW nach SO verlaufend, im Fichtelgebirge, d. h. im Raum Eger, schneiden.

Ferner spielt die in Abb. 15 schematisch skizzierte „Tieflandküste“ für die Verkehrserschließung des Südostraumes eine besondere Rolle. Der Verkehr sammelt sich nämlich an ihr entlang in ihren charakteristischen „Buchten“ mit den großen Knotenpunkten Paris, Köln, Leipzig, Dresden und Breslau (nebst Oderberg). Es kommt nun darauf an, wie von ihnen aus die Eisenbahn ihre Wege durch die Talbildungen nach den großen Knotenpunkten Wien und Budapest findet, die den von Westen kommenden Verkehr sammeln, um ihn nach Osten (Südosten) zu verteilen bzw. von dort zurückzuleiten.

Die Einzelheiten der Gebirge, die Westeuropa von dem „Knotenpunktpaar“ Wien—Budapest trennen, und der Talbildungen und Pässe, die sie verbinden,

Abb. 15. Die Tieflandküste und ihre Buchten.

sind aus Abb. 16 zu entnehmen. Man beachte hier die Täler von Rhein, Elbe, Oder und March, den durchgehenden „Verkehrsgraben“ Köln—Mainz—Belfort—

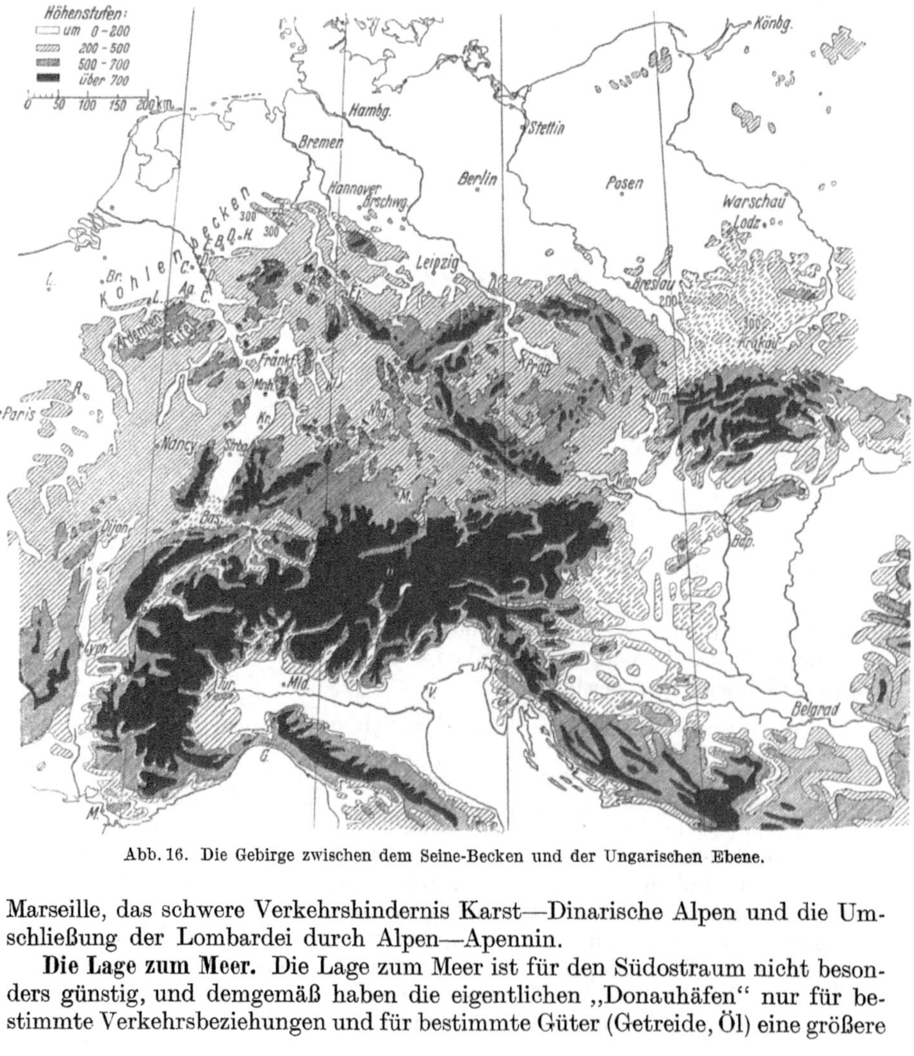

Abb. 16. Die Gebirge zwischen dem Seine-Becken und der Ungarischen Ebene.

Marseille, das schwere Verkehrshindernis Karst—Dinarische Alpen und die Umschließung der Lombardei durch Alpen—Apennin.

Die Lage zum Meer. Die Lage zum Meer ist für den Südostraum nicht besonders günstig, und demgemäß haben die eigentlichen „Donauhäfen“ nur für bestimmte Verkehrsbeziehungen und für bestimmte Güter (Getreide, Öl) eine größere

Bedeutung. Im übrigen ist der Südostraum auf „fremde“ Häfen angewiesen, die mittels der Eisenbahn ihren Einflußbereich in fast alle Teilgebiete hinein vorgetrieben haben. Man kann diese Erscheinung auch dahin auffassen, daß der Verkehr des gesamten Donauraumes gemäß Abb. 17 der „Anzapfung“ durch andere Flüsse (Rhein, Elbe, Oder, Etsch, Wardar, Mariza) und vor allem durch die diesen Flüssen folgenden Eisenbahnen unterliegt, die den Verkehr nach der Nordsee, Ostsee, Adria und Ägäis und ihren großen Häfen tragen.

Die Bedeutung der fünf Meere, die den Südostraum erschließen, ist sehr verschieden groß. Den ersten Rang nimmt — alle andern weit überragend — die Nordsee ein; daher sind auch die von deren Häfen Antwerpen bis Hamburg ausstrahlenden Eisenbahnlinien (über Nürnberg, Dresden und Breslau) so wichtig.

Die Ostsee ist mit dem Südostraum — außer über die Elbe, Oder und Weichsel — hauptsächlich durch die von Lübeck, Stettin und Danzig nach

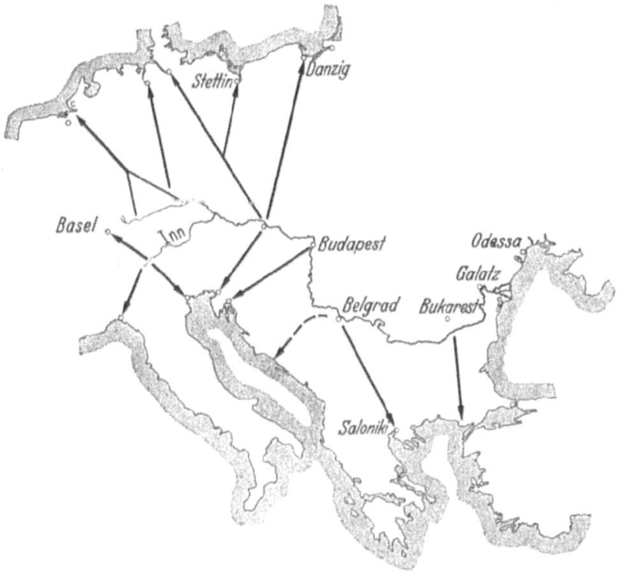

Abb. 17. Die Anzapfung des Donauraums durch fremde Seehäfen.

Süden ausgehenden Eisenbahnen verbunden. Diese treten durch den Elbedurchbruch im Raum Bodenbach-Prag und durch die Mährische Pforte im Raum Oderberg in den Südostraum ein. Sie haben hierbei nur die niedrigen Wasserscheiden zwischen March und Elbe (395 m) oder zwischen March und Oder (275 m) zu überwinden, sind also im wesentlichen leistungsfähige, billig arbeitende Flachlandbahnen, die jedem Verkehrszuwachs glatt gewachsen sind. Die außerdem noch mögliche Verbindung Lübeck—Leipzig—Hof oder Eger—Linz oder Budweis—Wien kommt wegen der Gebirge weniger in Betracht, desgleichen die Linie Oderberg—Sillein—Ungarn.

Die Nordsee und ihre großen Häfen von Antwerpen bis Hamburg nebst den Übergangshäfen nach England von Ostende bis Hoek steht mit dem Südostraum hauptsächlich über die Linien

1a. (London)—Ostende—Köln—Frankfurt } —Nürnberg—Passau—Wien,
1b. Bremen und Hamburg—Hannover—Elm }
2. Hamburg (und Bremen)—Dresden—Prag—Wien,
3. Hamburg—Berlin—Breslau—Oderberg— { Wien / Budapest

in Verbindung. Die Bedeutung dieser Linien wird von der Seehafenpolitik der Deutschen Reichsbahn abhängen. An sich ist die Linie London—Köln—Frankfurt—Nürnberg schon bisher stark belastet gewesen, sie nimmt außerdem in Gemünden die Linie von Hamburg und Bremen über Hannover auf, und gerade der Verkehr zwischen Hamburg sowie Bremen und Budapest bedarf einer besonders pfleglichen Behandlung.

Auch diese Linien sind im wesentlichen Flachlandbahnen, sie arbeiten also billig und gut. Die Nordsee reicht infolge ihrer eigenen Stärke und der guten Eisenbahnen mit ihrem Einfluß schon heute bis nach Ungarn hinein. Die Reichweite mag von Hamburg aus durchschnittlich etwa 1000 km betragen (Luftlinie Hamburg—Wien rd. 750 km, Hamburg—Budapest rd. 900 km).

Das Adriatische Meer ist leider, wie in fast allen seinen Fernverkehrsbeziehungen, auch im Verkehr mit dem Südostraum stark beeinträchtigt. Es ist nur ein Binnenmeer eines anderen Binnenmeeres und gegen Norden und Osten

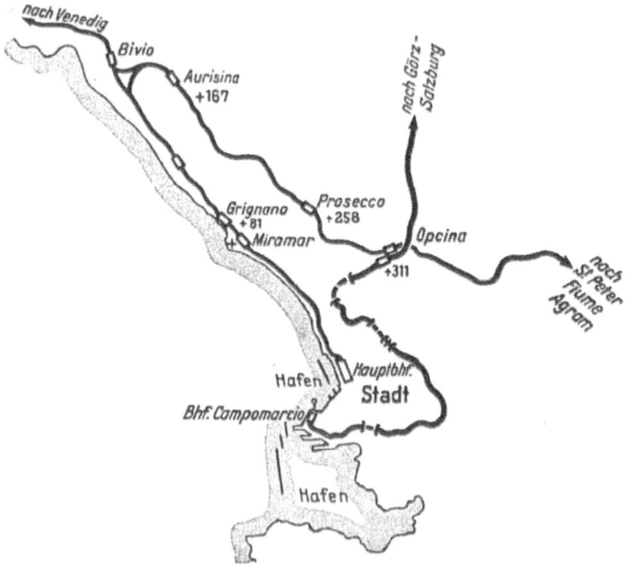

Abb. 18. Künstliche Längenentwicklungen der Haupteisenbahnen innerhalb des Stadtgebietes von Triest.

durch hohe Gebirge abgeriegelt. Daß an ihm einst der Stadtstaat Venedig zur beherrschenden Handelsmacht aufsteigen konnte, ist nur aus der eigenartigen Geschichte des Mittelmeerraumes, Germaniens, sowie des Islams und aus gewissen geographischen Vorzügen des engeren Raumes zu erklären; aber auch Venedig hat selbst zur Zeit seines höchsten Glanzes im Donauraum wenig Einfluß gehabt, da die natürlichen Grenzschranken hier doch zu stark sind. Diese bestehen aus den Ostalpen, mit deren Bedeutung als Verkehrshindernis und mit deren Eisenbahnen wir uns noch beschäftigen müssen, aus dem Karst und jenen von Fiume bis Skutari reichenden Gebirgszügen, die wir unter der Bezeichnung „Dinarische Alpen“ zusammengefaßt haben. Es handelt sich um steile Gebirge mit schroffen Formen, schlechten Flußentwicklungen, bösen Waldverwüstungen und viel Verkarstung, niedriger Wirtschaftsstufe und dünner Besiedlung. Unmittelbar hinter den drei maßgebenden Häfen der Nordadria, Triest, Fiume und Susak (Fiume und Susak sind eine Stadt, jedoch durch die Staatsgrenze getrennt gewesen), steigen die Gebirgswände schroff auf. Die Eisenbahnen weisen gemäß Abb. 18 schon innerhalb des Stadtgebietes von Triest (und Susak) künstliche Längenentwicklungen auf; die Vorstadt Opcina von Triest liegt schon 300 m hoch, die hinaufführende Straßenbahn hat Seilbetrieb!

Die wichtigsten Eisenbahnen führen von Triest über den Semmering nach Wien, von Fiume und Susak über Laibach bzw. Agram nach Budapest und Belgrad. Der Einfluß der Häfen reicht aber nur schwach bis zu den genannten Knotenpunkten; denn diese Gebirgsbahnen sind teuer in Unterhaltung und Betrieb, und das arme unmittelbare Hinterland hat den Bahnen bisher keinen starken Verkehr zuführen können. — Für die Semmeringbahn wird man in absehbarer Zeit mit einer wesentlichen Verbesserung rechnen dürfen, insbesondere mit dem Bau eines langen tiefliegenden Tunnels.

An der mittleren Adria liegen längs der landschaftlich wunderbar schönen dalmatinischen Küste noch die Häfen Spalato (Split) und Ragusa (Dubrovnik), von denen die normalspurige Eisenbahn Spalato—Agram und die schmalspurige Eisenbahn Ragusa—Serajevo ausgehen, beide mit starken Steigungen, teilweise mit Zahnstangenstrecken. In diesem Raum fehlt jene gute Eisenbahnverbindung, die Serbien vor dem Weltkrieg erstrebte, die ihm aber das damalige Österreich verweigert hat.

Das Ägäische Meer gehört politisch zu Griechenland und zur Türkei; Griechenland verfügt hier über die Häfen Saloniki und bisher auch Dedeagatsch; Bulgarien, das den Ausgang zum offenen Meer so nötig hat, hatte nicht einmal einen „Korridor". Von Saloniki führt die Eisenbahn durch wildes, armes, dünn besiedeltes Gebirge nach Nisch, also nach Jugoslawien hinein, von Dedeagatsch eine Linie zur Hauptbahn Sofia—Istanbul, also nach Bulgarien, in das zum Teil sehr fruchtbare Tal der Mariza. Eine von Sofia nach Süden führende Bahn, deren südlicher Teil im Weltkrieg als Feldbahn gebaut worden ist und noch 60-cm-Spur hat, ist noch nicht bis zur Hauptbahn Saloniki—Dedeagatsch durchgeführt worden. Der Einfluß des Ägäischen Meeres reicht also in Jugoslawien bis etwa Nisch (300 km), in Bulgarien vielleicht nur 200 km tief; — grade hier sind große Verbesserungen dringend notwendig.

Das Schwarze Meer ist politisch zwischen Rußland, Rumänien, Bulgarien und der Türkei aufgeteilt. Jeder dieser Staaten verfügt über Seehäfen, von denen aus Eisenbahnen in das Donaugebiet vorstoßen. Von dem russischen Hafen Odessa führen Eisenbahnen in das nordöstliche Rumänien und nach Deutschland. Von den Häfen Rumäniens liegen die Güterhäfen Braila und Galatz tief im Delta der Donau, der Personenhafen Constanza unmittelbar am Meer. Die rumänischen Eisenbahnen verbinden die Tiefebenen des Staates gut mit den Seehäfen. Sie stoßen dann aber an den Gebirgswall, der trotz des einheitlichen Staatsgebietes und trotz der einheitlichen Bevölkerung eine starke Grenze bildet; Siebenbürgen gravitiert schon nach Westen. Außer den Eisenbahnen führt auch eine Ölleitung nach dem Meer (Constanza). Bulgarien hat, seinem Charakter als Sattelstaat entsprechend, zwei West-Ost-Längsbahnen, die eine nördlich, die andere südlich des als Binnengrenze wirkenden Balkans; demgemäß hat es auch zwei Häfen am Schwarzen Meer, Varna und Burgas. Über den türkischen Hafen Istanbul dürften sich besondere Ausführungen erübrigen, da seine Bedeutung bekannt ist. Insgesamt reicht der Einfluß des Schwarzen Meeres durchschnittlich kaum über die Grenzen der drei angrenzenden Staaten hinaus, für einzelne Verkehrsarten aber natürlich weiter.

Wirtschaftsverflechtungen, Güterarten. Über die regen wirtschaftlichen Verflechtungen des Südostraumes und über die Mengen und Arten der in ihm erzeugten und daher zu transportierenden Güter ist vorstehend schon manches angedeutet und in den letzten Jahren außerdem so viel Statistik veröffentlicht worden, daß folgende Angaben genügen:

Legen wir in Ermangelung neuerer abgeklärter Zahlen die Ein- und Ausfuhr der vier Staaten Ungarn, Rumänien, Jugoslawien und Bulgarien zugrunde, wie sie vor den großen politischen Ereignissen gültig waren, so zeigen alle bezüglich ihres Außenhandels ein starkes Übergewicht Westeuropas über alle anderen

Gebiete der Erde. Insbesondere hatten **Deutschland**, Österreich und die Tschecho-Slowakei sehr rege Beziehungen, indem sie den vier Staaten den Überschuß ihrer agrarischen Erzeugung abnahmen und mit industriellen Erzeugnissen bezahlten. Nach den politischen Umgestaltungen ist nun der Außenhandel Österreichs ganz auf Deutschland übergegangen und von dem der früheren Tschecho-Slowakei wird man 40% als auf Deutschland übergehend annehmen dürfen.

Ungarn war zu 80% seiner Ein- und Ausfuhr mit Westeuropa (einschl. Polens) verbunden, dagegen mit nur 20% mit dem Südosten und dem Mittelmeergebiet. Deutschland nahm 1937 rd. 24%, Österreich rd. 17%, die Tschecho-Slowakei rd. 22% der Ausfuhr auf, das ergibt zusammen rd. 63%. Rechnet man von der Tschecho-Slowakei jetzt 40% auf Deutschland, so folgt, daß Deutschland mehr als die Hälfte der gesamten Ausfuhr Ungarns aufnimmt. Für die Einfuhr nach Ungarn mag ungefähr das gleiche gelten. Die für den Außenhandel Ungarns nächstwichtigen Länder sind Rumänien, Italien, Großbritannien und die Schweiz.

Die Hauptausfuhrgüter Ungarns sind Getreide und Mehl, Vieh, Fleisch und andere tierische Erzeugnisse. Die Haupteinfuhrgüter sind Holz, Kohle, Mineralöl, Textilien und andere Fertigwaren. Die Einfuhr aus Deutschland umfaßt hauptsächlich Maschinen, Eisenwaren, Fahrzeuge, Papier, Glas, Textilien, Farben und Chemikalien.

Für **Jugoslawien** gelten für 1937 etwa folgende Zahlen:

	Die Ausfuhr nach ... betrug in %			Die Einfuhr von ... betrug in %		
Deutschland	21,7	35,2 (Deutschland + Österreich)	43,1[1] (Deutschland + Österreich + Tschecho-Slowakei)	32,3	42,6 (Deutschland + Österreich)	53,6[1] (Deutschland + Österreich + Tschecho-Slowakei)
Österreich	13,5			10,3		
Tschecho-Slowakei	7,9			11,0		
Italien	9,4			8,2		
Frankreich	5,4			1,7		
Ungarn	2,7			2,8		
Belgien	7,8			—		
Griechenland	3,0			—		
England	—			7,8		
Rumänien	—			1,7		

Die Hauptausfuhrgüter Jugoslawiens sind Lebensmittel und Tiere (rd. 50% des Wertes) sowie Rohstoffe und Halbfabrikate (rd. 41%); dagegen entfallen auf Fertigwaren nur etwa 9%. Für die Einfuhr liegen die Prozentsätze dagegen für Fertigwaren bei 70% und für Rohstoffe und Halbfabrikate bei 18%. Die wichtigsten Ausfuhrstoffe sind Bauholz, Eier, Getreide, Schweine, Rohkupfer, Rinder, Hopfen, Fleisch, Zement, Pflaumen und andere Früchte. Die wichtigsten Einfuhrstoffe sind Textilien, Eisen und Eisenwaren, Maschinen, Apparate, elektrische Geräte, Kaffee, Kohle, Seide, Fahrzeuge und Mineralöle.

Die Hauptausfuhrgüter **Bulgariens** sind Tabak, Getreide, Mehl, Eier, Rapssamen, Felle, Seidenkokons und Rosenöl; die Haupteinfuhrgüter sind Textilien, Maschinen, Metallwaren, Instrumente, Papier, Mineralöle und Gummi. Man beachte die hochwertigen Ausfuhrgüter Tabak, Seide und Rosenöl! Die Ausfuhr von Tabak machte 1937 schon 32% der Ausfuhr aus; diese Zahl ist aber 1939 auf 41% gestiegen und jetzt muß das wichtige Tabakgebiet Macedonien mitgerechnet werden.

---

[1] Die zusammengezogenen Prozentsätze 43,1 und 53,6 sind vom Standpunkt des **Verkehrs** aus maßgebend, denn sie repräsentieren die einheitlichen Verkehrsströme zwischen Jugoslawien und der deutschen Südgrenze, namentlich dem Knotenpunkt Wien. Vom Standpunkt des **Außenhandels** aus sind die Zahlen niedriger, und zwar etwa 39 und 47, da von der Tschecho-Slowakei nur 40% als auf Deutschland übergegangen angenommen werden sollen.

Für Bulgarien gelten für 1935 folgende Zahlen:

	Die Ausfuhr nach ... betrug in %			Die Einfuhr von ... betrug in %		
Deutschland	53,5	59,9 (Deutschland, Österreich)	69,6[1] (Deutschland, Österreich, Tschecho-Slowakei)	48,0	52,5 (Deutschland, Österreich)	59,3[1] (Deutschland, Österreich, Tschecho-Slowakei)
Österreich	6,4			4,5		
Tschecho-Slowakei	9,7			6,8		
Schweiz	5,3			3,0		
England	4,6			4,3		
Italien	3,1			8,7		

Auf die anderen Balkanländer braucht bezüglich ihres Außenhandels nicht näher eingegangen zu werden. Allgemein ist bei ihnen zu beachten, daß die Handelsbeziehungen zu Deutschland infolge der größeren Entfernungen lockerer werden und daß in der Aus- und Einfuhr der Seeverkehr der gesamten geographischen Struktur entsprechend eine größere Rolle spielt als bei Ungarn, Jugoslawien und Bulgarien; bei Rumänien ist außerdem die starke Ausfuhr von Getreide und Mineralöl zu beachten.

Zusammenfassend lassen sich aus den vorstehenden Angaben für den Verkehr zwischen Deutschland und dem Südostraum folgende Hauptkennzeichen ableiten:

a) Da nicht nur der Verkehr des Südostraumes mit Deutschland, sondern auch ein erheblicher Teil des Verkehrs mit Böhmen, Mähren und der Schweiz, ferner mit Frankreich, Belgien, Holland und England eine Rolle spielt, so wird man damit rechnen dürfen, daß 60 bis 70% des die trockene Grenze überschreitenden Verkehrs des Südostraumes die Eisenbahnstationen an der Südgrenze Deutschland durchfließen wird.

b) Es handelt sich dabei aber — abgesehen vom Getreide — nicht um typischen Massenverkehr, die Verkehrsmengen dürfen also nicht überschätzt werden. Es ist indessen mit steigender Tendenz zu rechnen, weil die wirtschaftliche Entwicklung des Südostraumes eine aufsteigende Linie zeigt und weil insbesondere jetzt die Handels- und Verkehrsbeziehungen durch zielbewußte Verbesserung und Verbilligung des Verkehrs und andere handelspolitische und kulturelle Maßnahmen immer enger geknüpft werden.

c) Der Verkehr setzt sich vielmehr aus vielen kleinen und mittleren Einzelsendungen zusammen, wobei hochwertige und eilbedürftige Güter eine große Rolle spielen. Dieser Verkehr erfordert hohe Geschwindigkeit, große Pünktlichkeit, starke Inanspruchnahme der Reisezüge, viele Eilgüterzüge, sehr feine Rangierung; er ist also betriebstechnisch schwierig, kann aber teilweise keine hohen Beförderungspreise bezahlen. Insgesamt bedarf er einer besonders pfleglichen Behandlung in den Einzelfragen des Betriebes und der Tarife.

d) Die Tonnagebilanz (Ausgleich der Beförderungsmittel im Hin- und Rückverkehr) geht nicht auf. Der Verkehr aus dem Südosten wird durchschnittlich mehr Güterwagen erfordern als der nach dem Südosten. Es werden also in Deutschland durchschnittlich viele Leerwagen zur Verfügung stehen, die nach dem Südosten zurückbefördert werden müssen. Das ist bei der Beurteilung der Aussichten der Binnenschiffahrt zu beachten.

e) Ferner muß noch der typische Durchgangsverkehr beachtet werden, — aber er darf nicht überschätzt werden. Hierbei sind hauptsächlich zwei Richtungen zu beachten, und zwar:

a) zwischen Nordwest und Südost, also zwischen den deutschen Knotenpunkten Berlin, Nürnberg und München und den östlichen Knotenpunkten Belgrad, Bukarest, Sofia, Constanza, Istanbul, Saloniki, Athen; hierbei sind

[1] Diese Zahlen gelten wie bei Jugoslawien für die einheitlichen Verkehrsströme; für den Außenhandel wären sie auf rd. 62 und 56 % zu ermäßigen. Da der Handel zwischen Deutschland (bei den alten Grenzen) und Bulgarien von 1935 auf 1937 aber anteilig gestiegen ist, wird man mit etwas höheren Prozentsätzen rechnen dürfen.

außerdem die Arlbergbahn (Basel—Zürich—Innsbruck) und die oberitalienische Hauptstrecke Mt. Cenis—Turin—Mailand—Venedig besonders zu berücksichtigen;

b) zwischen Nord und Süd, und zwar hauptsächlich für den Raum zwischen der allgemeinen Linie Basel—Budapest im Norden und der Nordküste des Mittelmeers im Süden, also für den Verkehr, der von den großen Alpenpaßbahnen wahrgenommen wird.

Außerdem ist zu beachten, daß noch folgende Durchgangsverkehre stark an Bedeutung gewonnen haben:

c) Frankreich / Saargebiet / Basel } —Nürnberg—Eger— { Dresden, / Prag,

d) Nordwestdeutschland—Hannover—Leipzig—Karlsbad—Wien—Südosten,
Nordwestdeutschland—Hannover—Leipzig—Dresden—Prag—Südosten,

e) Danzig und Königsberg—Oberschlesien—(Wien—)Budapest.

Die vielen und so verschiedenartigen neuen Aufgaben, die sich aus den Grenzänderungen für die Eisenbahn usw. ergeben, können natürlich nur durch ein besonders enges vertrauensvolles Zusammenarbeiten aller beteiligten Eisenbahnverwaltungen bewältigt werden, wobei auch die Mitarbeit der nicht unmittelbar betroffenen nachbarlichen Eisenbahnverwaltungen dringend erwünscht ist.

Das gleiche gilt von den anderen Verkehrsmitteln. Erinnert sei hier vor allem an die geplante Reichsautobahn Breslau—Wien. Auch hat die deutsche Regierung ein Programm für den Ausbau der Donauwasserstraße bekanntgegeben. Es umfaßt den beschleunigten Weiterbau des Main-Donau-Kanals, den Ausbau der Donau bis zur östlichen Reichsgrenze (der zu 700 Mill. RM. veranschlagt ist) und die im Bau begriffene Verbindung der Oder mit der Donau. Das sind jedoch alles Aufgaben, deren Durchführung sehr viel *Zeit* erfordert; und so lange kann unsere Ostmark auf grundlegende Verkehrsverbesserungen nicht warten, desgleichen nicht die Vertiefung unserer Handelsbeziehungen zu den anderen Donauländern. Hier muß *schnell* gehandelt werden, und das kann für den *großen* Verkehr nur mittels der Eisenbahn geschehen, und zwar nicht etwa nur durch eine entsprechende *Baupolitik*, sondern vor allem durch die *Betriebs- und Tarifpolitik*. Besonders die beiden letztgenannten Maßnahmen haben den Vorzug, daß man durch sie schnell helfen und sie im einzelnen auf die verschiedensten Sonderwünsche aufs feinste abstimmen kann. Sie sind daher neben der Verbesserung des Post-, Telegraphen- und Fernsprechverkehrs und den Landstraßen als die dringlichsten zu bezeichnen.

Am ehesten dürften sich die verkehrlichen Maßnahmen auf dem Gebiet der *Tarife* durchführen lassen. Hiermit kann man am schnellsten helfen, wo Hilfe dringend ist; man kann außerdem die besonderen wirtschaftlichen Schwierigkeiten, Nöte und Wünsche durch sorgfältig abgestufte Sondermaßnahmen im einzelnen berücksichtigen.

Dagegen wird die Durchführung mancher *betrieblichen* Verbesserungen schon etwas mehr Zeit erfordern. Es handelt sich dabei um die Verbesserungen des Fahrplanes — aber nicht etwa nur der Luxuszüge, sondern vor allem der durchgehenden Güterzugverbindungen —, um die Abkürzung der Grenzaufenthalte, den Durchlauf von Lokomotiven und Personal durch fremde Gebiete (z. B. auf der nur 270 km langen, beiderseits durch Kopfbahnhöfe abgeriegelten künftig so wichtigen Linie Wien—Budapest) und hauptsächlich um die grundlegende Verbesserung (Vereinfachung, Beschleunigung und Verbilligung) des Zugbildungs- und Rangierdienstes, bei dem man meiner Ansicht nach in weitestem Umfang in freundnachbarlicher Zusammenarbeit so handeln sollte, als ob Grenzen überhaupt nicht vorhanden wären.

Die längste Zeit werden die *baulichen* Verbesserungen erfordern. Diese werden große Anforderungen an den Kapitalmarkt stellen; aber das werden

Aufwendungen sein, die sich reichlich verzinsen und abschreiben werden, da ihnen die starke Belebung des Verkehrs und damit der Wirtschaftsbeziehungen und die Senkung der Betriebsausgaben gegenübersteht.

Aus der Fülle der großen Bauaufgaben möchten wir nur einige hervorheben, aber von Anfang an der in diesem Fall so oft geäußerten Meinung entgegentreten, daß dabei der Bau von großen neuen Durchgangslinien eine bedeutende Rolle spielen werde. Darum wird es sich — namentlich für die Deutsche Reichsbahn — nicht handeln; hier werden wohl nur gewisse „Umgehungsbahnen“ bzw. „Abkürzungsbahnen“ gebaut werden müssen, die zur Vermeidung fremden Staatsgebietes erwünscht sind; außerdem müßte die Semmeringbahn, wie schon an-

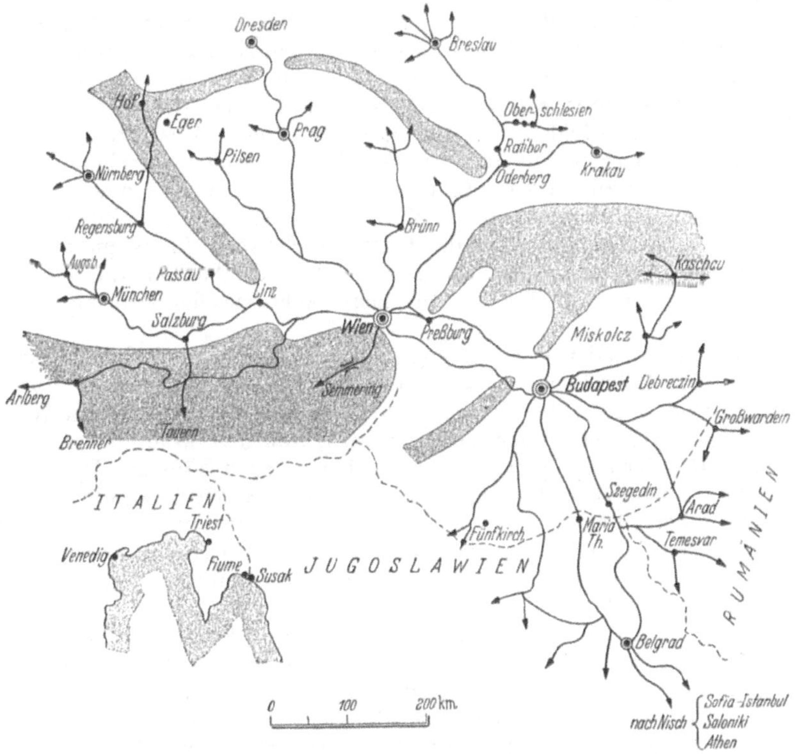

Abb. 19. Der „Engpaß“ Wien-Budapest.

gedeutet, grundlegend verbessert werden. Dagegen ist, wie so oft im Verkehrswesen, auch hier die „Station“, d. h. der Bahnhof, von ausschlaggebender Bedeutung.

In diesem Sinne stellt vor allem der Raum Wien—Budapest große Probleme. Ein Blick auf die in Abb. 19 schematisch wiedergegebene Eisenbahnkarte zeigt, wie sich hier das ausgebreitete Netz der vielen von Norden, Westen und Süden aus dem ganzen Halbkreis von Dresden über Nürnberg bis zum Semmering herankommenden Linien in dem einen Punkt Wien zusammenziehen, um dann in einer Doppellinie (nördlich und südlich der Donau) nach Budapest weitergeleitet zu werden und sich danach aus diesem einen Punkt heraus wieder fächerförmig in einen großen Halbkreis auszubreiten, der von Kaschau im Nordosten bis Belgrad im Süden reicht. Diese „Engpaßbildung“ ist aber in dem Gesamtbau der Gebirge schlüssig begründet, und jeder Vorschlag, den von der Natur so scharf ausgeprägten Engpaß durch große Umgehungsbahnen nördlich oder südlich zu umgehen, würde vom betriebswirtschaftlichen und fahrplantechnischen Standpunkt aus wegen der großen verlorenen Steigungen abzulehnen sein.

Die von der Natur vorgezeichnete Zusammenziehung des Verkehrs in den beiden Knotenpunkten Wien und Budapest ist auch nicht etwa aus eisenbahntechnischen Gründen abzulehnen. Es braucht keine Sorge zu bestehen, daß der Engpaß künftig einmal zu stark belastet würde. Die „Angst vor dem Verkehr" ist auch hier, wie im gesamten Eisenbahnwesen, unbegründet; — es gibt auf der ganzen Welt nirgendwo einen so starken Verkehr, daß er nicht von der Eisenbahn bewältigt werden könnte. Nötig ist hierzu nur die richtige Ausstattung der Eisenbahnen mit Streckengleisen, Lokomotiven, Wagen, Personal und vor allem mit Bahnhöfen.

Das Problem Wien—Budapest wird nun auf lange Sicht betrachtet derart zu behandeln sein, daß die beiden großen Knotenpunkte als ein typisches einheitliches Knotenpunktpaar aufgefaßt werden, die so zusammenarbeiten müssen wie die vielen anderen Knotenpunktpaare, etwa Halle—Leipzig, Wiesbaden—Mainz, Mannheim—Heidelberg, Augsburg—München, Basel DR—Basel SBB, Basel—Olten. Was hierzu in Budapest künftig notwendig werden könnte, braucht hier nicht berührt zu werden. In Wien wird für den Personenverkehr die Zusammenfassung des Fernverkehrs in einem oder zwei Hauptbahnhöfen in Durchgangsform zu erstreben sein; für den Güterverkehr wird ein Rangierbahnhof für Höchstleistung notwendig werden. Hierbei sind die Anlagen für den Güterverkehr dringlicher als die für den Personenverkehr; sie sind dafür aber auch viel wirksamer.

Dasselbe gilt von den Verbesserungen, die an den großen nördlichen Eingangspforten in den Böhmischen Kessel, namentlich an der Mährischen Pforte notwendig werden. Da sich hier durch die tiefe Senke die starke Verkehrsbeziehung Breslau—Oberschlesien—Wien ausbilden wird, wird man wohl mit einem großen deutschen Rangierbahnhof im Raum Ratibor rechnen können. Die den Elbedurchbruch benutzenden Eisenbahnen verfügen allerdings schon über die großen Rangierbahnhöfe Dresden und Prag; ob damit aber auch die Verkehrsbedürfnisse und Betriebsanforderungen des sudetendeutschen Industriegebietes und der zunehmende Durchgangsverkehr Nürnberg—Eger—Teplitz—Dresden—Görlitz—Oberschlesien gedeckt werden können, erscheint zweifelhaft.

Weitere wesentliche Verbesserungen, und zwar auch wieder in erster Linie für den Rangierdienst, sind in der Ostmark notwendig. Der verstümmelte Rumpfstaat Österreich hatte nur einen so schwachen Verkehr, daß er sich verkehrstechnisch mit den kleinen alten Rangieranlagen behelfen konnte. Auch hatte er nicht die Kapitalkraft, um große Erweiterungen und Neubauten durchführen zu können, so daß er sich betriebstechnisch mit den veralteten Anlagen abfinden mußte, obwohl diese naturgemäß langsam und teuer arbeiteten. Durch die Rückgliederung wird der Verkehr aber nicht nur zunehmen, sondern es werden, wie wir gesehen haben, gleichzeitig auch Verlagerungen in den Verkehrsrichtungen eintreten, so daß Umstellungen in der Zugbildung notwendig werden. Auch hier werden die Hauptaufgaben von den Forderungen des Güterverkehrs gestellt, während der Personenverkehr sich mit bescheideneren Forderungen abfinden kann. Ein leistungsfähiger Rangierbahnhof wird z. B. bei Innsbruck notwendig werden; — ganz im Süden ist der ausbaufähige Rangierbahnhof bei Marburg zurückgewonnen.

Was den „großen" internationalen Durchgangsverkehr anbelangt, so werden sich für die eine Hauptrichtung, nämlich die Richtung Ost—West, die neuen Grenzen und die zunehmende Bedeutung des Knotenpunktpaares Wien—Budapest am stärksten auf die Linie Frankfurt—Würzburg—Nürnberg—Regensburg—Passau auswirken, und es ist anzunehmen, daß die Linie Köln—Frankfurt—Nürnberg—Wien—Budapest neben der Linie (Paris, England, Belgien—)Ruhrgebiet—

Hannover—Berlin zu der überhaupt wichtigsten West-Ost-Ader Europas werden wird. Ein Blick auf Abb. 20 und 21 zeigt, wie ihr der Verkehr aus den bedeutend-

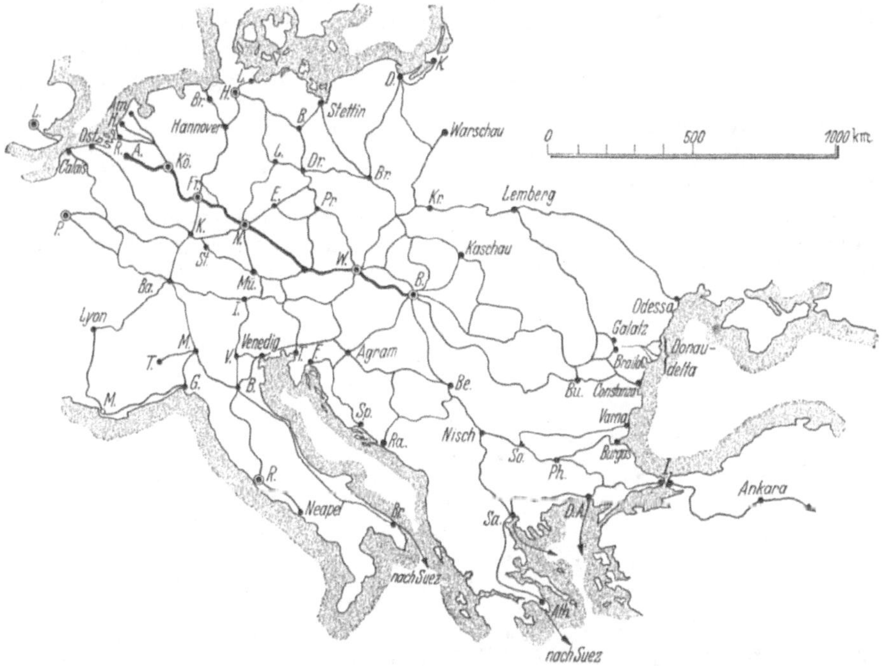

Abb. 20. Die Bedeutung der Linie Köln—Frankfurt—Nürnberg—Wien—Budapest.

sten Gebieten Europas zufließt: das Saargebiet, Paris, Belgien, Holland, England, das Ruhrgebiet, Bremen, Hamburg, Mitteldeutschland, Leipzig, Berlin, die Ostsee

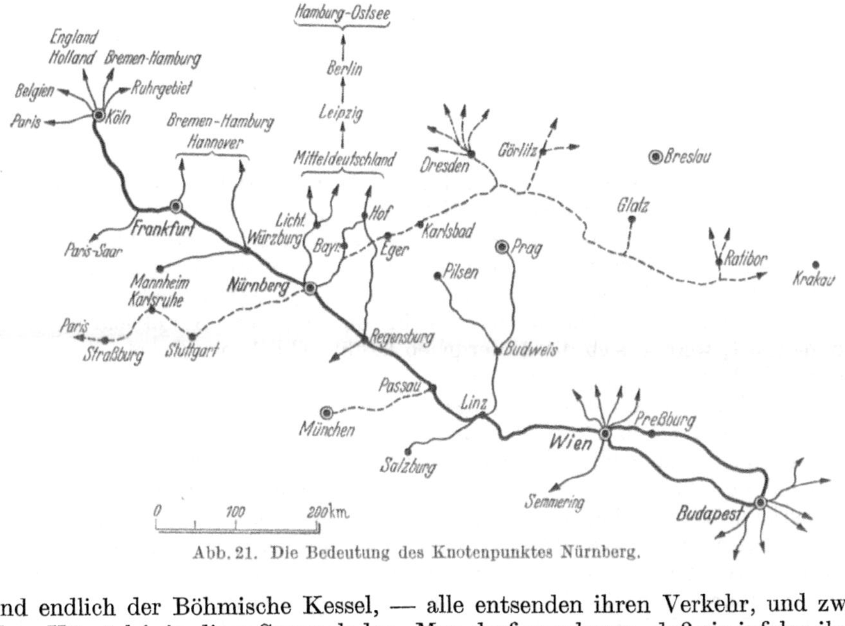

Abb. 21. Die Bedeutung des Knotenpunktes Nürnberg.

und endlich der Böhmische Kessel, — alle entsenden ihren Verkehr, und zwar ohne Künstelei, in diese Sammelader. Man darf annehmen, daß sie infolge ihrer natürlichen Verkehrsstärke sogar einen Teil des Verkehrs von Paris über Straßburg—Stuttgart—München an sich ziehen wird. Hierbei muß man beachten, daß die Linie außergewöhnlich gestreckt verläuft und daß sie, obwohl ganz im Mittelgebirge verlaufend, sehr günstige Steigungsverhältnisse hat.

Wie dem auch sei, auf jeden Fall wird einer ihrer Knotenpunkte zu besonderer Bedeutung aufsteigen, nämlich Nürnberg. Nürnberg ist der Kreuzungspunkt für

die WNW—OSO-Linie Frankfurt—Wien und

die WSW—ONO-Linie (Paris—Straßburg—)Stuttgart—Nürnberg—Eger—Karlsbad—Schlesien und Prag.

Diese WSW—ONO-Linie, die in Abb. 21 gestrichelt eingetragen ist, ist bisher in ihrer Entwicklung durch die politischen Verhältnisse stark gehemmt worden. Sie wird aber jetzt zu höherer Bedeutung aufsteigen, denn ihr Hauptteil, nämlich

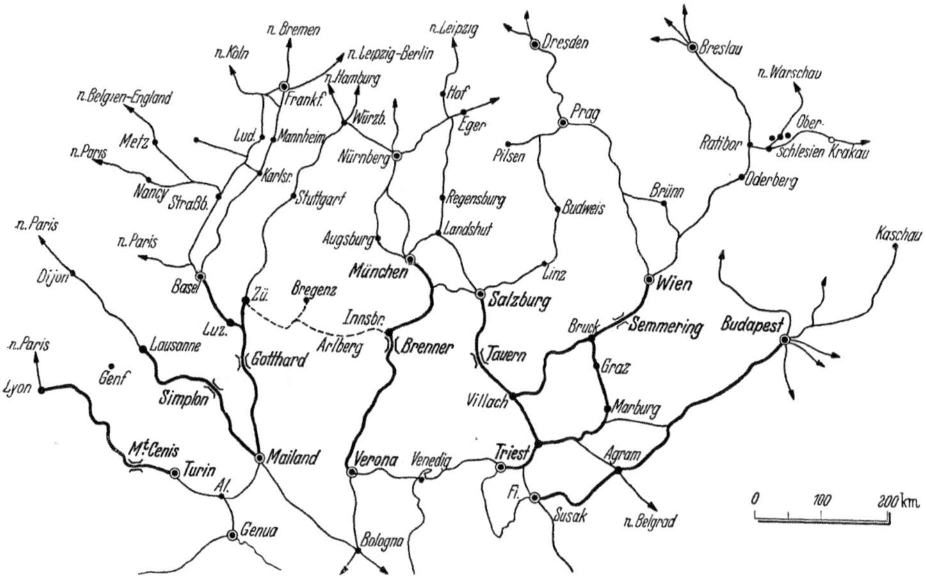

Abb. 22. Die Alpenpaßbahnen.

die Strecke Basel—Karlsbad—Oberschlesien, befindet sich nunmehr unter einheitlicher Verwaltung der Deutschen Reichsbahn. Diese kann den Verkehr von Basel, Baden, Pfalz, Saargebiet sammeln, um ihn über Stuttgart (bzw. Würzburg)—Nürnberg—Eger nach dem sudetendeutschen Industriegebiet, nach Prag, Dresden, Breslau, Oberschlesien, Polen und Böhmen weiterzuleiten.

Im internationalen Durchgangsverkehr der anderen Hauptrichtung, also Nord—Süd, werden sich die Änderungen hauptsächlich im Verkehr der großen Alpenpaßbahnen auswirken (vgl. Abb. 22). Allgemein werden hier die drei östlichen Hauptlinien, also die über den Brenner, den Tauernpaß und den Semmering, einfach dadurch an Bedeutung gewinnen, daß sie aus den die Entwicklung hemmenden künstlich eingeengten Verkehrs-, Betriebs- und Tarifverhältnissen des Rumpfstaates Österreich herausgekommen sind. Hierbei wird die Brennerbahn vom regionalen Standpunkt aus allerdings kaum einen Zuwachs erhalten, sie wird ihre Einflußbereiche weder im Norden (von München aus), noch im Süden (von Verona aus) erweitern. Dagegen wird die Tauern—Karawanken-Bahn (Salzburg—Villach—Triest usw.) einen gewissen Zuwachs aus der Richtung Dresden—Prag erhalten. Stärker noch wird die Semmeringbahn (Wien—Bruck—

Villach oder Graz—Triest und Fiume) gewinnen, weil das Zentrum Wien erheblich an Bedeutung zunehmen und der Zufluß nach Wien aus Böhmen und Mähren (Prag und Brünn), Schlesien und Polen (von Warschau und Krakau her) stärker werden wird.

Desgleichen wird die Linie Budapest—Agram—Susak (Fiume), die man aber kaum mehr als „Alpenpaßbahn" bezeichnen kann, an Wichtigkeit gewinnen, weil die Bedeutung ihres Hinterlandes (Ungarns und Jugoslawiens) steigen wird. Hier werden sich auch die neuen Grenzziehungen zwischen Deutschland, Italien und Kroatien günstig auswirken.

Bei den drei eigentlichen Alpenpaßbahnen (Brenner, Tauern und Semmering) darf man aber namentlich im Vergleich dieser drei östlichen mit den westlichen Bahnen (Gotthard und Simplon) nicht übersehen, daß die östlichen Bahnen in ihrer Verkehrsbedeutung gegenüber den westlichen stark zurücktreten. Diese Tatsache ist in bestimmten geographischen Gegebenheiten begründet, also naturgegeben:

a) Das nördliche „Vorland" ist nun einmal für die Zufuhrstrecken zur Brenner- und Tauernbahn ungünstig, denn es ist gebirgig (Thüringer Wald, Fichtelgebirge, Scheitelpunkte der Bahnen in den Räumen Probstzella und Hof rd. 600 m, München rd. 500 m hoch), und es zeigt in weiten Gebieten nur schwache Wirtschaftskräfte. Dagegen führt zur Gotthard- und Simplonbahn der so tief eingeschnittene „Fjord" des Rheines den Verkehr bis unmittelbar an die Mauer der Alpen heran (Basel nur 280 m, Luzern nur etwa 440 m hoch), und das Rheingebiet ist mit Westfalen, Belgien, Holland usw. das wirtschaftlich überhaupt stärkste Gebiet Europas.

b) Die Alpen wirken als Verkehrshindernis in ihren östlichen Teilen — aber erst östlich des Brenner — ungünstiger als in ihren mittleren Teilen; denn sie sind zwar niedriger, dafür aber breiter, und sie bestehen hier nicht aus einer, sondern aus mehreren Ketten, so daß die Bahnen mehrere Pässe überschreiten müssen und an den entsprechenden verlorenen Steigungen kranken; besonders kritisch ist dies für die „Tauern—Karawanken—Wocheiner—Karst-Bahn". Die Brennerbahn überschreitet zwar nur einen Paß, aber offen, also ohne Scheiteltunnel, und sie muß auf 1371 m steigen, während die Gotthardbahn nur 1154 m erreicht.

c) Das südliche „Vorland" ist ebenfalls für die östlichen Bahnen ungünstiger, denn diese erreichen nur das Adriatische Meer, also ein „Binnenmeer", während die mittleren Bahnen den großen Hafen Genua am „offenen" Mittelländischen Meer erreichen.

Insgesamt wird daher die überragende Bedeutung, die dem Rheintal für den Nord-Süd-Verkehr Europas zum Segen des deutschen Volkes von einer gütigen Natur geschenkt worden ist, durch die politischen Änderungen nicht berührt, und hiermit natürlich auch nicht die Stellung der Gotthardbahn. Aber das Problem tiefliegender langer Tunnel muß für den Brenner und den Semmering geklärt werden.

Die Wirkungen der politischen Ereignisse auf den Verkehr der einzelnen Staaten Südosteuropas werden in einer allgemeinen Verkehrsbelebung, der Verbesserung der Fahrpläne im Personen- und Güterverkehr und der engen Zusammenarbeit im Tarifwesen bestehen. Außerdem dürfte eine stärkere Verflechtung der wirtschaftlichen Beziehungen gerade auf dem Gebiet der Verkehrsindustrie (Lieferung von Eisenbahnmaterial jeder Art, ferner von elektrischen Anlagen und Kraftwagen) eintreten.

Die Zunahme des Verkehrs wird auch hier weniger im Bau neuer Strecken, als vielmehr in der Verbesserung der vorhandenen Anlagen bestehen, denn es kommt darauf an, die Leistungsfähigkeit quantitativ und qualitativ zu steigern;

auch hier dürfte die Verbesserung und Neuanlage von Rangierbahnhöfen mit an erster Stelle stehen.

An neuen Hauptlinien schienen vor dem Frühjahr 1941 vier über das eigene Staatsgebiet hinaus von größerer Bedeutung zu sein:

1. Jugoslawien bedurfte einer wirklich leistungsfähigen Eisenbahnverbindung zwischen seinem wirtschaftlichen Kerngebiet und dessen Hauptknotenpunkt Belgrad und einem guten Hafen an der adriatischen Küste. Dieses Problem hat schon vor dem Weltkrieg eine große Rolle gespielt, und es war recht töricht, daß die Diplomaten Habsburgs sich damals geographischen Tatsachen und verkehrstechnischen Notwendigkeiten entgegenstemmten. Der Bahnbau wird wegen der hohen, schroffen, zerrissenen Gebirge ungewöhnlich große Schwierigkeiten bereiten; — man rechnet mit 300000, streckenweise mit 600000 RM. je Kilometer (eingleisiger Hauptbahn).

2. Bulgarien bedarf einer leistungsfähigen Verbindung zwischen Sofia und dem Ägäischen Meer im Raume Saloniki. Eine entsprechende Linie ist als Teilstück — anfänglich in Normalspur, dann nur in 60-cm-Spur — in Betrieb; auch hier sind die Geländeschwierigkeiten ungewöhnlich groß.

3. Von großer internationaler Bedeutung ist eine leistungsfähige Verbindung Jugoslawiens und Bulgariens mit Rumänien in dem Gebiet, in dem diese drei Länder südlich des Eisernen Tores zusammenstoßen; hierbei wird auch eine Überbrückung der Donau erforderlich[1].

4. Dazu kommt eine Verbindung Rumäniens mit Bulgarien in der Mitte der beiden Länder, d. h. in Rumänien von dem Knotenpunkt Bukarest ausgehend.

Die Ereignisse des Frühjahrs 1941 werden aber gewisse Änderungen in diesem „Programm“ bedingen; — die neuen Grenzziehungen sind auch verkehrstechnisch günstig.

Da die Bahnen der Balkanländer auch auf den wichtigsten Hauptstrecken sehr starke Steigungen und viele verlorene Gefälle aufweisen, liegt die Frage nahe, ob hier Linienverbesserungen in größerem Umfang notwendig werden. Hierauf ist zu antworten, daß der gebirgige Charakter des Landes in vielen Teilgebieten auch für die Hauptlinien, und zwar für diese auf lange Teilstrecken, starke Steigungen erfordert. Ferner muß man es wohl als technisch-wirtschaftlich richtig bezeichnen, daß die trassierenden Ingenieure sich bei den ersten Bahnbauten mit starken Steigungen und dementsprechend hohen künftigen Zugförderkosten abgefunden haben, weil es zunächst nur darauf ankam, den Kapitalaufwand niedrig zu halten, während man die hohen Betriebskosten bei dem zunächst nur schwachen Verkehr in Kauf nehmen konnte. Es darf aber auch nicht verschwiegen werden, daß die Bahnen zum Teil „zu schlecht“ gebaut worden sind, weil die Ingenieure, unter ihnen der große deutsche Eisenbahner Pressel, sich gegenüber den Machenschaften der Kapitalisten nicht durchsetzen konnten. Das Wirken des „Barons“ Hirsch ist heute noch berüchtigt; es hat nicht nur dem Bahnbau, sondern allgemein dem Ansehen Westeuropas in den Ländern des Südostens schwer geschadet.

Es können aber nur vergleichende Entwürfe für Linienverbesserungen und vergleichende Wirtschaftlichkeitsberechnungen den Nachweis erbringen, für welche Strecken im einzelnen große Verlegungen gerechtfertigt bzw. notwendig sind, um kleinere Steigungen und größere Halbmesser zu erzielen.

Bulgarien und Jugoslawien sind nach dem Weltkrieg mit größter Tatkraft und hohem Geschick an den Ausbau ihrer Eisenbahnnetze herangegangen. Wir können diese hohen Leistungen hier nicht im einzelnen würdigen. Welche Schwie-

[1] Vgl. im übrigen zu der weiteren Entwicklung des Eisenbahnnetzes des Südostraumes die Arbeiten von Reichsbahndirektionspräsident Dr.-Ing. Remy im „Archiv für Eisenbahnwesen“ und in der „Ztg. d. Vereins Mitteleuropäischer Eisenbahnverwaltungen“.

rigkeiten der Verkehr infolge der hohen schroffen Gebirge, der Waldverwüstung, der Klimaextreme, des Wassermangels usw. zu überwinden hat, haben wir vorstehend immer wieder betont. Wir möchten hier nur noch auf ein Meisterwerk der bulgarischen Eisenbahnbaukunst hinweisen:

Die einzige Schienenüberquerung des Balkan ist die Linie (Rustschuk—) Gorna Orchavitza—Stara Zagora (an der Linie Philippopel—Burgas), deren Bau von Bulgarien mit großer Energie durchgeführt worden ist. Die 152 km lange Bahn muß einen Paß von +882 m Höhe erklettern; sie bedarf hierbei einer maßgebenden Steigung von 25‰ (1 : 40), die in den längeren Tunneln auf 20‰ (1 : 50) ermäßigt ist. Auf beiden Seiten des Passes sind künstliche Längenentwicklungen notwendig, die gemäß Abb. 23a und 23b möglichst offen trassiert worden sind, um vollkommene Spiraltunnel (wie auf der Südrampe der Gotthardbahn und bei der Albulabahn) zu vermeiden. Die eine Hauptrampe ist 16 km lang und überwindet 356 m (+882 gegen +526 m); die eine Längenentwicklung überwindet bei einer Gesamtlänge von 4200 m einen Höhenunterschied von 86 m, die andere bei einer Länge von 5500 m einen Unterschied von 104 m.

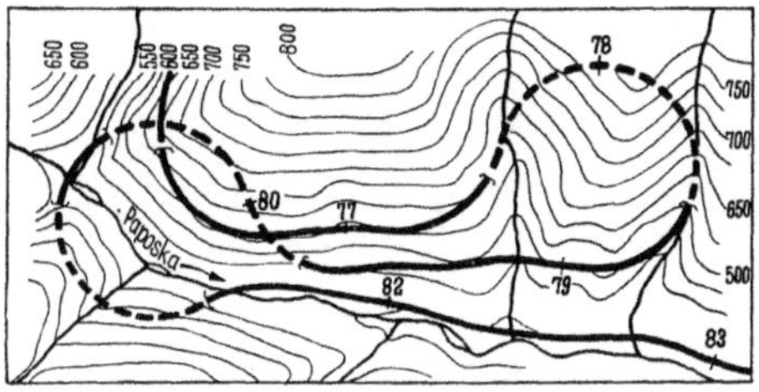

Abb. 23a. Doppelschleife.

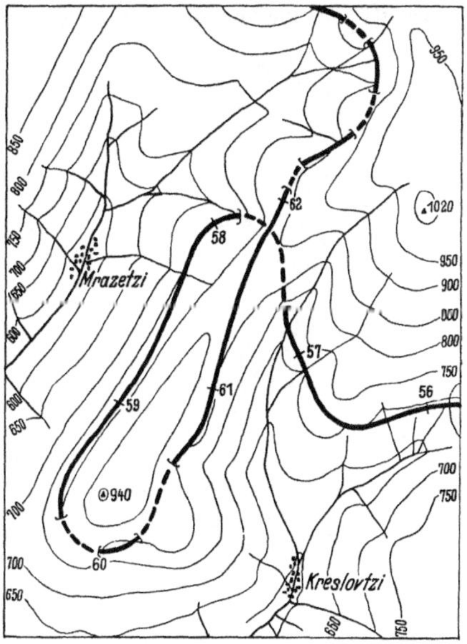

Abb. 23b. Kehrschleife.

Das sind Verhältnisse, die denen der Gotthardbahn an Großartigkeit nicht nachstehen. Und 1870 war nach Abb. 24 das ganze Gebiet fast ohne Eisenbahn!

Was aber außerdem noch für die Verbesserung der Eisenbahnen oder vielmehr des Gesamtverkehrs des Südostens am wichtigsten ist, das ist nicht der Neubau und die Verbesserung von Hauptbahnen, sondern der planmäßige Ausbau der Neben- und Kleinbahnen, und zwar in engster Verbindung mit der zielbewußten Pflege der Schmalspur.

Um die hier vorliegenden, wirklich sehr schwierigen Probleme richtig zu würdigen, muß man von den geographischen und wirtschaftlichen Grundlagen ausgehen:

Es handelt sich um ein sehr gebirgiges Land, und zwar um stark zertalte, schroffe Gebirge mit harten Formen und viel nackten Felsen ohne Wald und ohne Mutterboden. In einer solchen Landschaft müssen die Bahnen kleine Halbmesser erhalten, und in ihr kann jede einzelne Bahn immer nur ein recht kleines Gebiet, nämlich nur das von ihr durchzogene Haupttal nebst einigen Nebentälern (ähnlich wie in dem ja auch so stark zertalten Graubünden) erschließen.

Ferner handelt es sich um ein wirtschaftlich schwaches Gebiet, dessen Hauptgrundlage die Landwirtschaft ist; diese wird zwar in den wenigen Ebenen und auf gewissen Gebirgshängen intensiv betrieben, so daß sie hier hohe Erträge liefert. Sie kann aber in den großen Teilgebieten, die erst durch die Schiene erschlossen werden müssen, nur extensiv betrieben werden, und sie geht in ihnen weithin in extensive Viehwirtschaft und Waldnutzung über.

In derartigen Gebieten, in denen nun einmal hohe Zugförderkosten und kleine Vezkehrsmengen die Hauptkennzeichen des Verkehrs sind, kann nur mit dem überhaupt billigsten Verkehrsmittel, d. h. mit der bescheidenen Kleinbahn mit Schmalspur, ein Erfolg erzielt werden.

Nun gibt es im Südostraum schon zahlreiche Schmalspurbahnen. Sie verdanken ihre Entstehung teils der Besetzung Bosniens durch Österreich nach 1878, teils dem Bestreben der befreiten Staaten, bestimmte Teilgebiete zu erschließen, teils den schweren Kämpfen des Stellungskrieges. Die wichtigste Schmalspur ist die 76-cm-Spur, die in Bosnien angewandt wurde und sich hier vortrefflich bewährt hat, und zwar nicht nur für Bahnen mit Klein- oder Neben-

Abb. 24. Die Eisenbahnen im Jahre 1870.

bahncharakter, sondern auch für durchgehende Hauptstrecken. Wie leistungsfähig diese kleine Spurweite ist, ergibt sich daraus, daß man sogar den „gemischten Betrieb" einführen, nämlich zur Überwindung der Steilaufstiege Steilstrecken mit Zahnstange bei Steigungen von $60^0/_{00}$ einlegen konnte; auch in den schweren Wintern mit ihren starken Schneeverwehungen hat sich die 76-cm-Spur voll bewährt. Jugoslawien verfügte 1940 über rd. 1900 km von 76-cm- und über rd. 380 km von 60-cm-Spur; hierbei umfaßt das zusammenhängende bosnische Netz rd. 1400 km von 76-cm-Spur.

Man müßte sich im Südosten über eine einheitliche Schmalspur verständigen, wobei (meiner Ansicht nach) nur die von 76 (bzw. 75) cm in Betracht kommt. Dabei muß man aber noch bedenken, daß auch Deutschland im alten Königreich Sachsen zahlreiche Bahnen von 75-cm-Spur hat, von denen man doch wohl einige Linien, die sich bisher an der Grenze totliefen, über das Erzgebirge hinüber verlängern wird; ferner muß Deutschland im Gebiet des Bayrischen Waldes Kleinbahnen bauen, desgleichen in den Alpen, und wieviele erst in den ehemals polnischen Gebieten! Es wäre daher zu begrüßen, wenn einmal einheitliche Normen für die Schmalspurbahn entwickelt würden, die für ganz Mittel- und Südosteuropa am geeignetsten ist.

C. Der Verkehr innerhalb des Vorderen Orients.

Gehen wir nun wieder über den Bosporus hinüber, so kommen wir zwar in einen anderen Kontinent, aber wir bleiben doch in demselben einheitlichen Lebensraum; namentlich verändern sich die geographischen Grundlagen, deren ungünstige Einwirkungen auf den Verkehr wir eben noch hervorheben mußten, nur allmählich, und zwar werden sie noch schlimmer, da die Höhen der Gebirge noch höher werden und die Steppen und Wüsten zunehmen. Außerdem haben gerade hier die machtpolitischen Bestrebungen fremder Mächte vielfach die natürliche Entwicklung des Verkehrs geschädigt. In diesem Sinn ist die Verkehrsgeschichte für die neuere Zeit (d. h. für das Eisenbahnzeitalter) in zwei Abschnitte zu teilen, nämlich in die Zeit vor und die nach dem Weltkrieg:

Vor dem Weltkrieg stand Vorderasien politisch unter dem Zeichen des großen Gegensatzes zwischen Rußland und England. Neben diesen beiden Großmächten konnten die sog. selbständigen Staaten (Türkei, Persien, Ägypten) nicht aufkommen; insbesondere konnten sie keine selbständige Verkehrspolitik treiben; und die andern im Vorderen Orient interessierten Mächte (Griechenland, Italien, Frankreich, Deutschland) konnten auch nur gelegentlich und in räumlich engen Grenzen Verkehrspläne durchführen; jedoch war der Umschwung durch den Bau der Hedschas- und Bagdadbahn schon eingeleitet! Hiervon abgesehen kann man aber, namentlich für die militärisch wichtigsten Verkehrsanlagen (Seehäfen und Eisenbahnen) die Verkehrspolitik auf die einfache Formel bringen:

Es wurde alles begünstigt, was den militärischen (und politischen) Interessen der beiden großen Rivalen entsprach, und es wurde alles behindert, was diesen Interessen zuwiderlief.

In diesem Sinn waren für die Verkehrspolitik des zaristischen Rußland, das zeitweise recht imperialistisch eingestellt war, folgende Richtlinien klar vorgezeichnet:

a) Der Ausbau seines Eisenbahnnetzes zur möglichsten Verbesserung der Verbindungen seiner Kernlande mit seiner „Südfront" (Odessa—Sewastopol—Batum—Baku—Krasnowodsk—Buchara) im Hinblick auf Konstantinopel, Armenien, Persien, Afghanistan und Vorderindien und

b) das Vortreiben der „Eisenbahnspitzen" von der Basis Batum—Baku gegen Armenien und gegen Persien und von der Basis Krasnowodsk—Merv—Buchara gegen Afghanistan, also gegen Indien-England; — alles auch stark als Abwehr gegen das Vordringen Englands zu würdigen.

Andererseits bekämpfte bzw. verhinderte Rußland den Bau von Eisenbahnen: in der Türkei in der Richtung West-Ost quer durch Anatolien oder gar nach Armenien hinein, in Persien den Bau vom Persischen Golf aus nach Norden, in Afghanistan das Vortreiben der Eisenbahnen von Indien her.

England zeigte dagegen im Bau von Eisenbahnen anfänglich eine gewisse Zurückhaltung. Hierzu war es vornehmlich dadurch gezwungen, daß es sich zuerst seine ganze „Seefront" vom Mittelmeer (Cypern) über das Rote Meer und die Nordküsten des Arabischen Meeres bis Beludschistan sichern mußte, ehe es von den maßgebenden Punkten dieser Front mit Eisenbahnbauten nach Syrien, Irak und Persien beginnen konnte. Außerdem war der Ausbau des Eisenbahnnetzes in Ägypten (und sogar im Sudan) und im Nordwesten Vorderindiens nicht nur für die Beherrschung dieser Länder selbst, sondern auch im Hinblick auf die „Durchdringung" Vorderasiens zunächst wichtiger. Vor allem aber konnte England so lange ruhig warten, wie Persien (Iran) politisch schwach war und wie die verkehrspolitisch wichtigsten Teilgebiete, nämlich Syrien und das Nordende des Persischen Golfs, unter der Herrschaft des „Kranken Manns am

Bosporus“ standen, der hier wie am Bosporus selber den getreuen Torwächter von Englands Gnaden darstellte[1].

Nach dem Weltkrieg hat sich auch in Vorderasien vieles geändert, aber so manches nicht in dem Sinn, wie es die „Siegerstaaten“ zuerst gewähnt haben. Allerdings war der Einfluß Österreich-Ungarns auf den Balkan und damit auf den Landweg zum Orient vernichtet, dafür waren aber einzelne Balkanstaaten so stark geworden, daß sie nun ihre eigene Verkehrspolitik treiben und zum Erstaunen Westeuropas nicht mehr nach dessen Pfeife tanzen oder auf seine Schalmeien und Sirenengesänge lauschen wollten. Gelähmt war auch die Arbeit Deutschlands in der Türkei, durch die vor dem Weltkrieg das große Werk der Bagdadbahn so wirksam unterstützt worden ist. Andererseits haben Frankreich und England mit ihren „Mandatgebieten“ auf dem Festland Syriens Fuß gefaßt, während sich Italien mit einer Inselgruppe fern im West vor der kleinasiatischen Küste hat begnügen müssen. So wenig man nun gerade als Verkehrstechniker die Bedeutung des französischen und des englischen „Sprungbretts“ in Syrien unterschätzen darf, so ist doch festzustellen, daß die Gesamtposition der „Siegerstaaten“ in Vorderasien schon 1938 als schwächer eingeschätzt werden mußte als vor dem Weltkrieg.

Dies ist in der Kraftzunahme der orientalischen Nationalstaaten begründet. Sie mag zur Zeit auf militärischem Gebiet noch nicht groß sein, und sie ist es gewiß nicht auf wirtschaftlichem Gebiet; überraschend groß aber ist sie auf seelischem Gebiet, und das ist wahrscheinlich auch hier das Ausschlaggebende. Die erstarkenden Staaten haben es bewiesen, daß sie sich nicht mehr am Gängelband der Fremden führen lassen, und ihre kluge, zielbewußte Staatsführung hat auch die gerade für unsere Untersuchungen so wichtige Verkehrssituation klar erkannt:

daß der Ausbau eines nur auf die Interessen des eigenen Landes zugeschnittenen Verkehrsnetzes für Frieden und Krieg eine Lebensnotwendigkeit ist und daß hierbei der Ausbau des Eisenbahnnetzes an erster Stelle steht, und daß

diese großräumigen Staaten sehr schwer angreifbar sind, zumal Lage, Gestalt, Klima und Wirtschaft den Verteidiger begünstigen, wenn dieser dem eigenen Volk gegenüber den Mut hat, sich nötigenfalls tief ins Innere zurückzuziehen (vgl. Rußland 1812, Türkei 1921), daß aber der Angreifer mit den größten Schwierigkeiten zu kämpfen hat, wenn er nachstoßen will[2].

---

[1] Wie planmäßig England seine „Seefront“ schuf, ergibt sich aus folgenden Daten:
1704 Gibraltar besetzt.
1814 Malta besetzt.
1839 Aden besetzt (Erweiterung dieser Besetzung 1868, 1882, 1888).
1854 Die Kurja-Murja-Inseln (vor der südarabischen Weihrauchküste) besetzt.
1854 Freundschaftsverträge mit mehreren Fürsten am Persischen Golf (Seeräuberküste).
1857 Die Periminsel (bei Aden) besetzt.
1867 Die Bahreininsel im Persischen Golf besetzt.
1869 Der Suezkanal eröffnet. — England hatte aber den Bau des Suezkanals zuerst stark befeindet.
1875 England kauft die Mehrheit der Suezkanalaktien.
1876 Die Insel Sokotra besetzt; desgleichen die Jemen vorgelagerten Inseln.
1878 Cypern gewonnen.
1880 Schutzverträge mit Hadramaut.
1882 Koweit besetzt.
1882 Ägypten besetzt.
1900 Das Gebiet am Schatt el Arab besetzt.
1907 Teilung Persiens in eine russische und eine englische Interessensphäre.
1919 Diktat von Sèvres, Übertragung der „Mandate“.

[2] Schon ein antiker Schriftsteller hat über einen der Partherkriege (oder den sog. Jüdischen Krieg?) dem Sinne nach ausgeführt:

In diesen Ländern — d. h. in diesen großräumigen Steppen und Wüsten, die teilweise auch gesundheitlich sehr bedenklich sind — ist die Kriegführung viel weniger eine Angelegenheit des Offiziers als des Arztes und Ingenieurs —, also der Gesundheitspflege, des Verkehrs und der Wasserversorgung.

Man muß also bei der Beurteilung der künftigen Gesamtverkehrspolitik Vorderasiens davon ausgehen, daß namentlich die Türkei und Iran je ihr eigenes Verkehrsnetz ausbilden werden; hierbei ist für die Türkei die West-Ost-Richtung von Istanbul quer durch Anatolien nach der russischen und persischen Grenze und zum Mosulgebiet am bedeutungsvollsten; dagegen kann man für Iran zweifelhaft sein, ob die Nord-Süd-Richtung vom Kaspischen Meer über Teheran zum Persischen Golf, für die die Eisenbahn fertig ist, oder die West-Ost-Richtung von der Türkei und dem Schwarzen Meer her wichtiger ist. Auf jeden Fall ist aber auch der Bau eines Binnennetzes mit dem Raum Teheran als Zentralgebiet dringlich.

Von den wichtigsten Teilräumen möchten wir nur Ägypten und Irak, und zwar diese beiden kurz, ferner die Türkei etwas genauer und dann Syrien ausführlich besprechen:

1. Ägypten.

Ägypten zeigt ein hochentwickeltes Verkehrswesen, das allerdings einseitig auf die wirtschaftlichen Bedürfnisse des englischen Kapitals und der Baumwollerzeugung und auf die militärische Beherrschung des Gesamtgebiets des Suezkanals zugeschnitten ist. Aus diesem Grund hat sich England die obenerwähnte große von (Cypern—)Haifa über Kairo—Alexandria bis zur libyschen Grenze reichende Eisenbahnbasis geschaffen. In ihr wird allerdings der Suezkanal auf einer Fähre überschritten, da eine Brücke die Schiffahrt stark behindern würde. Es ist aber anzunehmen, daß alles Material für einen Kriegsbrückenbau bereit liegt. Ferner hat England seit etwa 4 Jahren mit größter Tatkraft das Eisenbahnnetz Ägyptens verbessert und derart ausgebaut, daß es militärisch außerordentlich leistungsfähig ist; — hierüber wird man aber in der Presse vergeblich nach Mitteilungen suchen. Das Hauptbahnnetz Ägyptens ist normalspurig; es reicht nach NO bis Haifa und Jerusalem, nach Westen bis Mersa Matruck (oder weiter ?), nach Süden am Nil entlang bis Aswan. Die Verbindung mit dem Sudan ist unterbrochen; die Sudaneisenbahn beginnt erst in Wadi Halfa; sie ist schmalspurig (Kapspur, 1067 mm breit). England legt keinen Wert darauf, daß Ägypten mit dem Sudan besonders gut verbunden ist; der Ein- und Ausfuhrhafen des Sudan ist nicht Alexandria, sondern Port Sudan am Roten Meer. — In Ägypten ist außerdem die Binnenschiffahrt gut entwickelt; im Nildelta gibt es zahlreiche Kleinbahnen mit Schmalspur, die einen großen Güter- und Personenverkehr bewältigen.

2. Irak.

Das Zweistromland bereitet in seinem Höhenaufbau dem Bau und Betrieb von Verkehrswegen keine Schwierigkeiten; solche entstehen aber an vielen Stellen durch die Versumpfung weiter Strecken. Das natürliche Zentrum im Landesinnern liegt bei Bagdad. Von den beiden Strömen ist der Tigris gut schiffbar; es besteht auf ihm eine rege Dampfschiffahrt, die so billig arbeitet, daß eine ihm folgende Eisenbahn nicht bestehen könnte; im Weltkrieg ist er auch von Flußkanonenbooten befahren worden. Dagegen ist die sog. Schiffbarkeit des Euphrat so beschränkt, daß für die Eisenbahn die Linienführung am Euphrat entlang vorgezeichnet ist. Der Endpunkt der Seeschiffahrt ist Basra (100000 E.); es liegt am Schatt el Arab, der trotz seiner Barren für Seeschiffe von 5000 bis 6000 BRT. fahrbar ist.

Die Geschichte der Eisenbahnen im Zweistromland ist nur vom politischen und militärischen Standpunkt zu verstehen. Vor dem Weltkrieg bestand nur das Teilstück der „Bagdadbahn“ Bagdad—Samarra, und zwar in Regelspur (1435 mm); dieses Teilstück hat aber den Türken wenig helfen können, da die Verbindung mit Konstantinopel fehlte. Die Engländer bauten zum Angriff gegen Bagdad von Basra aus eine Kriegsbahn mit Meterspur vor. Als sie 1916 die bekannte, sehr empfindliche Schlappe von Kut el Amara erlitten hatten, bauten sie die Bahnen zu einem neuen Angriff sorgfältig aus und erzielten dann auch militärische Erfolge.

Das heutige Bahnnetz gründet sich auf die Meterspur; die alte normalspurige Linie ist teils abgebrochen, teils aufgegeben. Die Hauptlinie des Netzes führt von Basra am rechten (westlichen) Ufer des Euphrat entlang nach Hilleh und von da zum Tigris hinüber nach Bagdad. Von da geht die Linie am Tigris entlang nach Charaghan; hier gabelt sie sich; eine kurze Strecke führt in östlicher Richtung zur Grenze von Iran (Persien); eine längere Strecke führt in nördlicher Richtung nach Kerkuk, also in das Ölgebiet. Der Anschluß an die Bagdadbahn ist jetzt endlich fertig; die Bagdadbahn hat aber Normalspur.

Nachdem sich England durch die Bahnen in Palästina und im Zweistromland nach Norden zu alle militärischen Operationen gesichert und die Ölleitung Mosul—Haifa geschaffen hatte, sah es nun eine wichtige Aufgabe darin, den West-

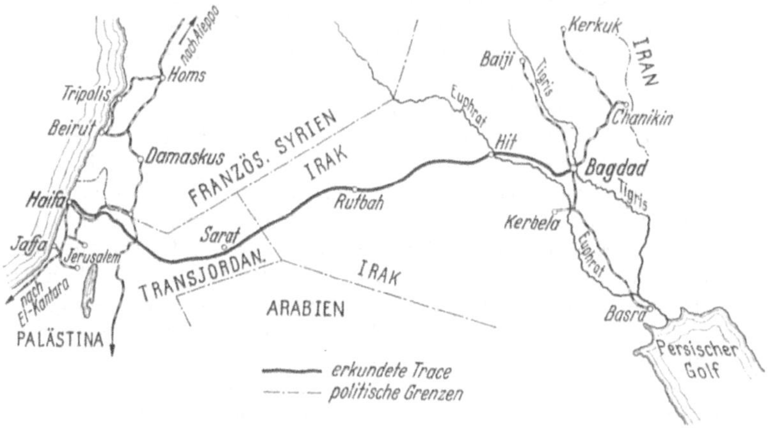

Abb. 25. Trasse der Bahn Haifa—Bagdad (erkundet 1932).

Ost-Verkehr von Haifa (und Ägypten) nach dem Persischen Golf, also nach Bagdad oder vielleicht direkt nach Basra einzurichten. Dieser Verkehr wird gegenwärtig durch Flugzeuge wahrgenommen, und zwar in regelmäßigem Betrieb, der einwandfrei arbeitet; außerdem verkehren Kraftwagen. Für die direkte Eisenbahn Haifa—Bagdad, also für die „Englische Bagdad-Bahn", ist die Trace erkundet. Sie bildet nach Abb. 25 die Fortsetzung der von Haifa ausgehenden Linie in unmittelbar östlicher Richtung, holt dann aber etwas nach Norden aus, um die südlich liegenden, bis über +1000 m ansteigenden Höhen zu umgehen. Wenn diese Linie gebaut würde, würde nicht nur eine durchgehende Linie vom Mittelmeer zum Persischen Golf entstehen, sondern es könnte aus ihr durch entsprechende Verlängerung der Bahn Bagdad—Kasr Schirin eine durchgehende Linie nach Iran (Teheran) geschaffen werden. — Anscheinend wurde aber in England auch erwogen, die durch die Syrische Wüste geplante Bahn nicht nach Bagdad, sondern weiter südlich zu führen, also gestreckter auf Basra zu. — Für die Bahn war Schmalspur in Aussicht genommen, obwohl die Bahn Haifa—Ägypten Normalspur hat!

Von besonderer Bedeutung sind die großartigen Ölleitungen. Sie beginnen gemäß Abb. 26 und 27 bei Kirkuk östlich des Tigris mit zwei Röhren und führen in einer Länge von rd. 250 km zunächst nach Haditha auf dem westlidhen Ufer des Euphrat. Hier gabeln sie sich, der nördliche Ast führt durch das französische Syrien nach Tripolis, rd. 600 km, der südliche durch die englischen Mandatsgebiete nach Haifa, rd. 750 km. Die einzelnen Leitungen sind also 850 bzw. 1000 km lang. Die Linienführung zeigt lange schnurgerade Strecken. Sie war

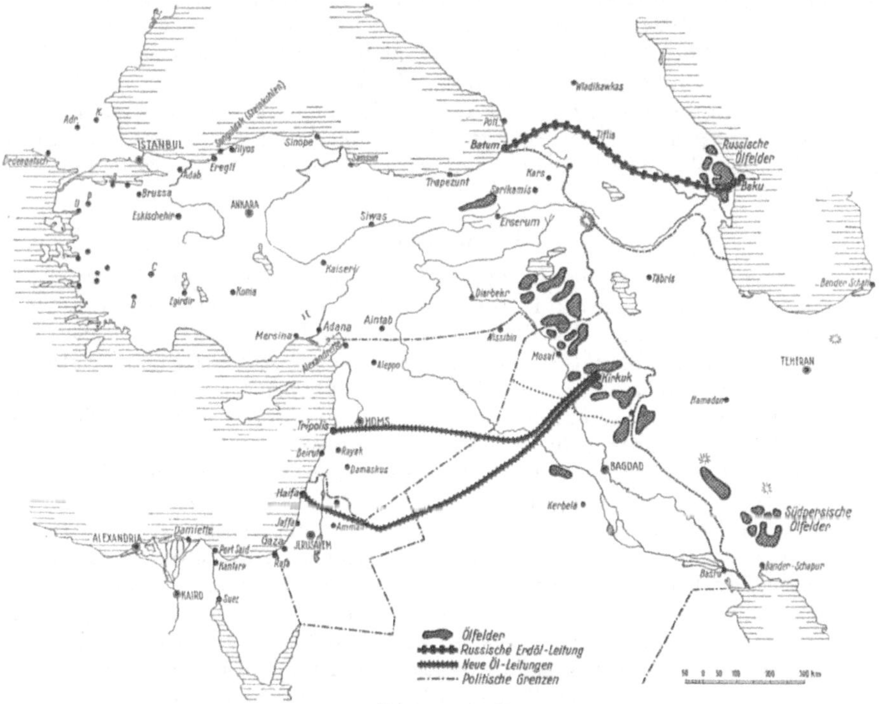

Abb. 26. Ölgebiete und Ölleitungen.

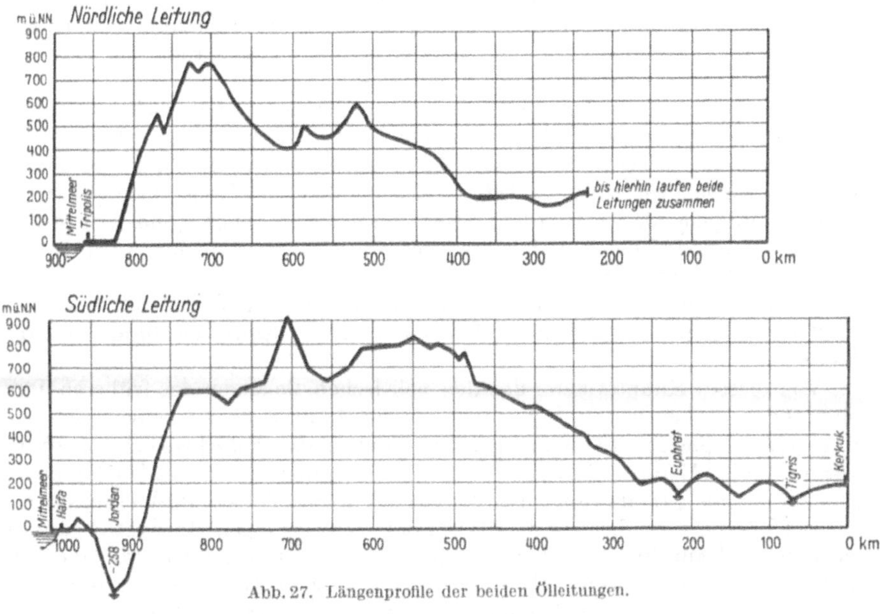

Abb. 27. Längenprofile der beiden Ölleitungen.

insofern schwierig, als das Längenprofil sehr bewegt ist; der höchste Punkt fiegt auf rd. + 900 m über, der tiefste, unter dem Jordan, auf rund —270 m unter dem Meer; vier Flüsse mußten unterfahren werden: Orontes, Jordan, Euphrat und Tigris. Zur Fortbewegung des Öls (und zur Regelung der Mengen und zur Vornahme von Ausbesserungen) sind 12 Pumpstationen angelegt, von denen 9 mitten in der Wüste liegen und daher sehr gut ausgestattet werden mußten (Bäder, Radio, Flugplatz); sie sind untereinander durch Fernschreiber und Fernsprecher und Wege verbunden, die für Kraftwagen fahrbar sind. Die Leitungen bestehen aus Stahlrohren von 12 m Länge, die untereinander verschweißt sind. Zum Schutz gegen die Einwirkungen des Klimas und der Wüste und gegen feindliche Angriffe und Öldiebstahl sind sie in einem Graben verlegt, der etwa 1 m tief ist.

3. Die Türkei.

Vor dem Weltkrieg litt die Türkei daran, daß sie geographisch, wirtschaftlich und völkisch nicht einheitlich und daß sogar in der Religion die Einheitlichkeit recht locker war. Die Bevölkerung bestand aus Türken, Griechen, Armeniern, Kurden, Arabern usw., die sich durch Sprache, Sitte, Religion, Nationalempfinden stark voneinander unterschieden und oft blutig befehdeten. Die Hauptstadt Konstantinopel lag exzentrisch und war von Nord, West und Süd vom Feind bedroht; sie war von einem bunten Völkergemisch bewohnt, das sich später als politisch unzuverlässig erwies. Die wertvollen Küstengebiete Kleinasiens waren wirtschaftlich in der Hand von Griechen, die das kulturelle und wirtschaftliche Leben beherrschten und mittels den von ihnen und Westeuropa finanzierten Eisenbahnen schon kraftvoll in das Innere Anatoliens vorstießen. Nicht einmal verkehrstechnisch war die Türkei zusammengehalten, denn hierzu war die eigene Handelsflotte zu schwach und das Eisenbahnnetz zunächst zu wenig entwickelt.

Nur schwer konnte sich die einst so mächtige Türkei gegen ihre Feinde behaupten, seitdem die französische Revolution den Nationalismus der europäischen Völker erweckt und damit den Balkan in Erregung gebracht hatte. Rußland warf sich zum Schutzherrn der orthodoxen Christen auf; Serbien, Griechenland, Rumänien, Bulgarien mußten aufgegeben werden; in Afrika war Ägypten schon seit Napoleons Zeiten praktisch nicht mehr botmäßig; 1911 nahmen die Italiener Tripolis und Barka; 1912 ging im Balkankrieg der ganze europäische Besitz mit Ausnahme Ostthraziens verloren.

Unter großen politischen Schwierigkeiten gelang es der Türkei unter dem Beistand Deutschlands, doch endlich eine fast durchgehende Eisenbahnlinie durch das ganze Reich zu schaffen. Abgesehen von dem auf europäischem Boden liegenden Teilstück handelte es sich um eine von Konstantinopel (Haidar Pascha) ausgehende, Anatolien von (Nord-)West nach (Süd-)Ost durchquerende Stammlinie, die sich am Golf von Alexandrette in zwei Hauptäste hätte vergabeln müssen:

1. nach Mosul—Bagdad—Basra am Persischen Golf und
2. nach Damaskus—Medina—Mekka und zu dessen Hafen Djidde am Roten Meer.

Von diesem Hauptsystem, das den politischen Belangen der früheren Türkei entsprochen haben würde, bezeichnen wir die Linie Konstantinopel—Mosul mit ihrer schmalspurigen Fortsetzung nach Bagdad als „Bagdadbahn“, während wir die Linie (Aleppo—)Damaskus—Medina, die aber noch nicht bis Mekka fortgesetzt ist, als „Hedschasbahn“ (oder auch als Mekkabahn) bezeichnen.

Der Türkei ist es aber vor dem Weltkrieg nicht gelungen, die dritte, dringend notwendige Hauptlinie zu schaffen, nämlich die Anatolien direkt von West nach Ost durchquerende, also nach Armenien führende Linie Eskischehir—Ankara—Erzerum; dieser Bau blieb vielmehr in Ankara stecken.

Über die Linienführung der Bagdadbahn bestanden von Anfang an große Meinungsverschiedenheiten. Für die schließlich gewählte Linie trat ein Mann wie Pressel nur in ihrem östlichen Teilstück ein. Dagegen bekämpfte er das westliche Teilstück, weil dies zu nahe am Mittelländischen Meer vorbeiführt. Pressel empfahl dem Sultan dringend für die Gesamtlinie die Führung über Ankara—Kaisarie—Malatia—Diarbekir, also die Linienführung durch die Mitte des Landes und fern vom Meer. Indem sich Pressel zu dieser „kontinentalen“ Einstellung im Gegensatz zur „maritimen“ bekannte, bewies er seinen politischen Scharfblick: er erkannte schon damals klar, wie schwach die gesamte Türkei gegenüber Angriffen vom Meer aus und wie schwach ihre Stellung in Syrien war, wie stark sie aber als Kontinentalmacht in ihrem eigentlichen Kernland Anatolien sein kann.

In dem Diktat von Sèvres war die Bagdadbahnstrecke vom Mittelmeer bis Nisibin der Türkei genommen worden, indem die Grenze des französischen Mandatgebiets entsprechend weit nördlich gezogen worden war; die Grenze ist aber 1926 in die südliche Begrenzungslinie der Bahn gelegt worden, und die Bahn steht beiden Anliegern zu gleichen Rechten zur Benutzung zur Verfügung; diese Grenzbahn gehört aber nicht zum Netz der türkischen Staatsbahnen, sondern ist Privatbahn; — eine Eisenbahn als Grenze!!

Nach dem Weltkrieg hat die neue Türkei trotz ihrer furchtbaren Kriegsleiden die ihr vom Feindbund angelegten Fesseln unter der Führung Atatürks des Siegreichen gesprengt und einen neuen Staat aufgebaut. Man hört nun oft, daß die Stärke der neuen Türkei hauptsächlich darauf beruhe, daß sie eine geographische Einheit bilde und daß sie bewußt ein rein kontinental orientierter Bauernstaat geworden sei. Hierin liegt gewiß ein richtiger Gedanke, aber gerade vom Verkehrsstandpunkt muß man hervorheben, daß neben der einheitlichen Kernlandschaft, nämlich dem armenisch-anatolischen Hochland, noch zwei weitere Landschaften von wesentlich anderem Charakter bestehen, nämlich der Meerengenraum mit Istanbul und die Küstensäume Kleinasiens; diese Gebiete sind stark maritim, gewerblich und auch für ihre hochblühende Landwirtschaft auf Außenhandel und -verkehr eingestellt. Die Verlegung der Regierung nach dem zentral gelegenen Ankara aus dem noch exzentrischer als früher gelegenen Istanbul hat die politische Bedeutung dieser Stadt allerdings stark geschwächt, aber ihre geographisch, also unabänderlich bevorzugte Stellung als Handels- und Verkehrszentrale für das Gebiet Balkan—Schwarzes Meer—Kleinasien nicht erschüttert. Istanbul ist auch heute noch mit etwa 750000 (?) Einwohnern die weitaus größte Stadt der Türkei; denn erst in weitem Abstand folgen Smyrna mit rd. 170000, Ankara mit 125000, Konia mit 70000, Brussa, Adana, Adrianopel mit je etwa 70000 (?). Istanbul ist auch der weitaus wichtigste Hafen des Türkischen Reichs; und die märchenhafte Schönheit der Gestade des Bosporus wird immer ihre Anziehungskraft als Wohnstätte reicher Kreise behalten.

Die neue Türkei baut planmäßig ihre Landwirtschaft und Viehzucht wieder auf; sie wertet hierbei — unter starker Heranziehung Deutscher — die Ergebnisse der Wissenschaft und Praxis aus, und es ist nicht zu bezweifeln, daß die berühmten Kornkammern der Antike in zäher Arbeit einer neuen Blüte entgegengeführt werden; hierbei wird die künstliche Bewässerung, die in der Ebene von Konia von Deutschen schon vor dem Krieg eingeleitet worden ist, und das Wiederaufforsten eine große Rolle spielen. Dem Anbau bestimmter Industriepflanzen (Baumwolle, Flachs, Hanf, Mohn, Zuckerrüben, Tabak) wird große Aufmerksamkeit gewidmet. Planmäßig wird die Erschließung der Bodenschätze gefördert. Braun- und Steinkohlenbergbau befinden sich in schneller Entwicklung; die Steinkohlenförderung in dem am Schwarzen Meer liegenden Kohlengebiet hat stark zugenommen. Die Türkei konnte bereits Steinkohle ausführen; es wurden schon Griechenland, Italien, Ägypten, Syrien, Rumänien, Ungarn (!) beliefert. Der ganze Bergbau wird jetzt stark unter die wirtschaftliche Hoheit des Staates gestellt. Die gleiche Aufmerksamkeit wird der Entwicklung der Industrie gewidmet. Aus all dem ergibt sich, daß der Verkehr mit einem stetigen Anstieg der Gütermengen rechnen darf.

Im Verkehrswesen betreibt die Türkei vor allem eine zielbewußte, zähe Eisenbahnpolitik. Das Bahnnetz, mit der europäischen Regelspur angelegt, ist fast ganz in den türkischen Staatseisenbahnen vereinigt. Trotz der großen Geländeschwierigkeiten sind die für die Landesverteidigung maßgebenden Hauptlinien fertiggestellt. Wie groß die Schwierigkeiten sind, ergibt sich z. B. aus Abb. 28 und aus der Angabe, daß die Hauptbahn Fewzi—Diarbekir bei einer Länge von 506 km 64 Tunnel mit zusammen 13700 m Länge hat und die Hauptwasserscheide in einer Höhe von etwa + 1400 m (höher als der Brenner!) überschreiten muß.

Hierzu sei noch angegeben:

In dem sog. Friedensvertrag von Sèvres blieb der Türkei ein Gebiet von 762700 qkm mit rd. 16000000 Einwohnern; 1939 erhielt sie von Frankreich den Sandschak Alexandrette (Hatay) zurück, so daß sie heute 767636 qkm mit rd. 17750000 Einwohnern umfaßt. Im Jahr 1918 verfügte die Türkei einschließlich der Hedschasbahn über rd. 3350 km Eisenbahnen, die aber durchaus kein ein-

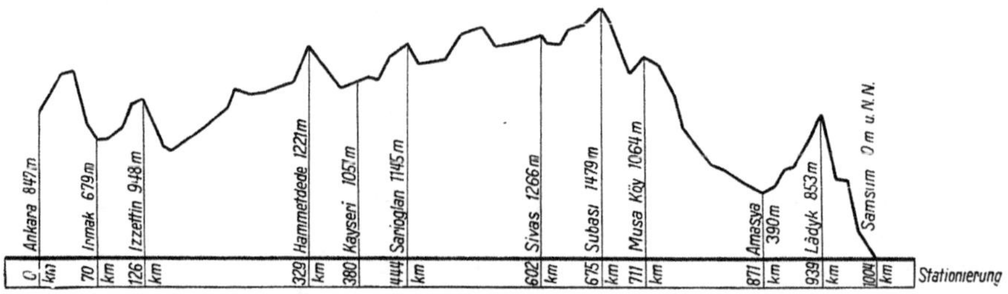

Abb. 28. Längenprofil der Eisenbahn Ankara—Samsum.

heitliches Netz bildeten. Die Regierung Atatürks erkannte klar, daß unter allen großen Bauaufgaben die Eisenbahn den ersten Rang verdiente, daß nur Staatsbetrieb in Betracht komme und daß ein einheitliches Eisenbahnnetz geschaffen werden müsse. Das neue türkische Staatsbahnnetz wurde so gefördert, daß es 1939 schon aus 6948 km zusammenhängender Linien bestand. Zur Zeit wird vor allem die bisher (über 175 km Länge) nur schmalspurige (75 cm Spur) Verbindung Erzerum—Sarikamis mit dem russischen Netz auf Normalspur umgebaut und die Verbindung von Diarbekir nach Iran (bei Kotar) vorgetrieben; von dieser 521 km langen Strecke waren 1939 bereits 159 km fertig. Ferner soll von Diarbekir die rd. 290 km lange Verbindung nach Irak (bei Dschesire) vorgebaut werden; durch diese Verbindung würde die alte Bagdadbahn umgangen werden. — Ein weiterer wichtiger Bau ist der einer Abkürzungslinie Bolu—Ankara, durch die Istanbul besser mit Ankara verbunden wird. — Über den jeweilig erreichten Zustand des Netzes gibt immer die neueste Karte des Reichskursbuches genaue Auskunft.

4. Syrien.

Solange es eine Weltgeschichte gibt, haben Syrien und seine Verkehrswege eine große Rolle im Handel und noch mehr in der Politik gespielt. Dies ist in der eigenartigen verkehrsgeographischen Lage begründet. Das an sich nicht große und wirtschaftlich nicht starke Land ist nämlich:

a) infolge seiner Schwellenlage am Ostrand des Mittelmeers der Ausgangsraum für die Wege nach dem Zweistromland und dessen Hinterland (Iran, Indien);

b) infolge seiner Zwischenlage zwischen Meer und Land und zwischen Abendland und Morgenland der Vermittlungsraum zwischen See- und Landverkehr für große Teile Europas und dem Orient;

c) infolge seiner Einpressung zwischen Meer und Wüste, also infolge seines Charakters als Landenge der große Nordsüdweg zwischen Kleinasien und Mesopotamien einerseits und der Landenge von Suez und Ägypten andrerseits;

d) infolge dieser Lage das „Glacis", auf dem seit undenklichen Zeiten Ägypten — heute der Suezkanal — verteidigt wird.

Die Bedeutung Syriens ist im Ablauf der Weltgeschichte zu erkennen: an der Handelsmacht der Phöniker; an den Vorstößen der Assyrer und Babylonier einerseits, der Pharaonen andrerseits; an dem Marsch Alexanders des Großen; an der Bedeutung seiner Handelszentren für das römische Weltreich; auch an den Kreuzzügen, die man ja nicht etwa nur als eine religiöse Bewegung ansehen darf; an dem Gegensatz zwischen England und Frankreich (Zug Napoleons gegen Akka, Ringen um den Suezkanal, Begründung der englischen Basis Cypern—Suez—Ägypten); schließlich an den Kämpfen im Weltkrieg, der Einrichtung der „Mandate" und dem heutigen Ausbau der militärischen Stellungen und der Verkehrswege.

a) Die geographischen Grundlagen (vgl. Abb. 29 bis 33).

Die verkehrsgeographische Bedeutung der syrischen „Landenge".

Um sich zunächst die richtige Vorstellung von der verkehrsgeographischen Lage und Bedeutung Syriens zu machen, fasse man den Küstenstreifen ins

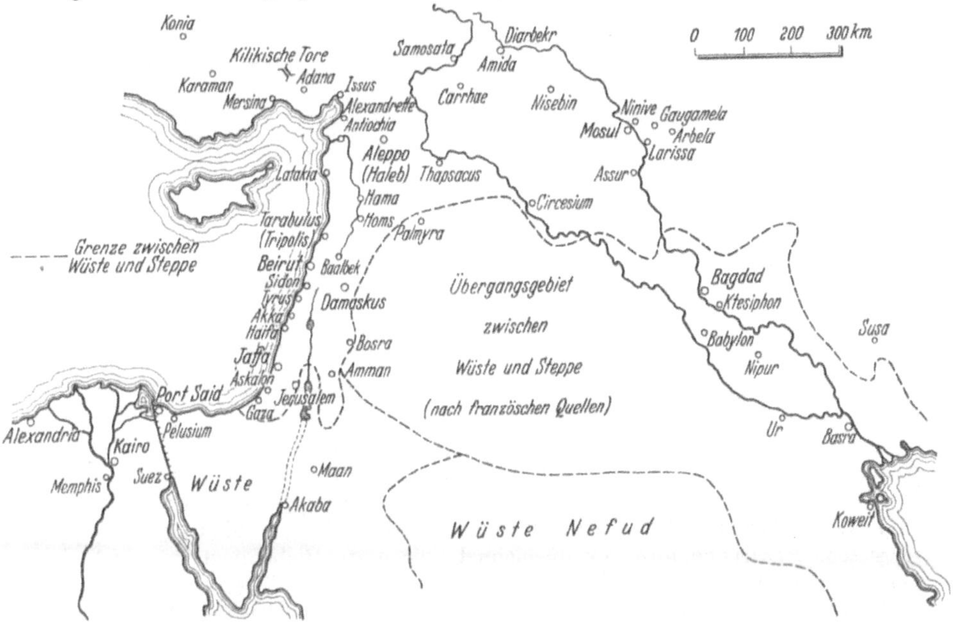

Abb. 29. Alte und neue Städte und Schlachtfelder in Vorderasien.

Auge, der sich in rd. 700 km Länge in Richtung Nord—Süd am Ostrand des Mittelmeers hinzieht. Dieser Küstenstreifen ist nur in einer Breite von etwa 80 km ausreichend beregnet und daher wirtschaftlich wertvoll; dann schließt nach Osten zu wüstenartige Steppe an, die schnell in regelrechte Wüste übergeht; als Grenze mag man den Grad 36 annehmen. Wenn man nun beachtet, daß die Steppe und Wüste dem Verkehr wegen ihres Klimas, ihrer niedrigen

Wirtschaftsstufe und ihrer räuberischen Bevölkerung große Schwierigkeiten bereitet und daß sie nach Norden bis über den Euphrat vorstößt, so tritt uns dieser schmale Küstenstreifen als Landenge und demgemäß als die einzige Landverbindung zwischen dem Süden (Ägypten—Suez) und dem Norden (Kleinasien) und Osten (Mesopotamien, Mosulgebiet, Irak) klar in die Erscheinung; man halte sich immer vor Augen, daß der Weg von Ägypten nach Babylon (heute nach Bagdad), also der Weg zwischen den beiden auf künstlicher Bewässerung beruhenden „Groß-Oasen", seit der Zeit der Pharaonen bis zur Zeit der Eisenbahn immer im großen Bogen weit nach Norden ausholen mußte, weil er sich im Fruchtland (auf dem Rand des Fruchtlands) halten mußte. Wenn

Abb. 30. Die politischen Grenzen und Staatsgebiete.

wir heute mit der Eisenbahn von Kairo (über El Kantara—Jaffa—Damaskus—Aleppo—Nisibin) nach Bagdad reisen, folgen wir so ungefähr den Spuren all der Heere und Karawanen, die ehedem zwischen Ägypten und dem Euphrat gezogen sind. Dieser Weg ist gemäß Abb. 29 heute wie vor Jahrtausenden durch charakteristische Städtereihen gekennzeichnet; die erste Reihe liegt vom Nildelta ausgehend an der Küste: Pelusium, Gaza, Ascalon, Akka, Tyrus, Sidon, Tripolis und führt dann durch die „Syrischen Tore" (+ 670 m hoch) über das Amanusgebirge nach dem oberen Euphrat; die zweite Reihe liegt im Landesinnern: Hebron, Jerusalem, Cäsarea, Damaskus, Baalbek, Homs, Hama, Aleppo; die Städte dieser zweiten Reihe waren in ihrer Bedeutung stark von der Politik und der Wasserbaukunst abhängig; verkehrsgeographisch zeigen sie meist die Lage an den die West-Ost-Gebirgspässe beherrschenden Stellen; einige sind gleichzeitig Ausgangspunkte für die in die Wüste ausstrahlenden Karawanenwege; die östlichste von ihnen war dereinst Palmyra, das, in einer kleinen Oase gelegen, am römisch-parthischen Wüstenhandel emporblühte, wahrscheinlich immer mit schwieriger Wasserversorgung zu kämpfen hatte, mit Änderung der politischen Verhältnisse schnell herabsank und heute nur noch 1500 Einwohner hat.

Der Weg zwischen Ägypten und Mesopotamien führt aber auf einer Teilstrecke unmittelbar durch die Wüste; denn zwischen dem Nildelta und Judäa gibt es keinen Fruchtlandstreifen; vielmehr stößt hier die Arabische Wüste zwischen dem östlichen Nilarm und Gaza bis ans Meer vor; schon die Eisenbahn Kairo—Ismailia führt streckenweise durch richtige Wüste, und auf der Strecke von El Kantara nach Gaza mußte man die wenigen Oasen sorgfältig zu Eisenbahnstationen ausnutzen. In dieser Wüste waren ja auch im Weltkrieg die Kämpfe um den Suezkanal so voll Strapazen und stillen Heldentums[1]. — Über die Größe

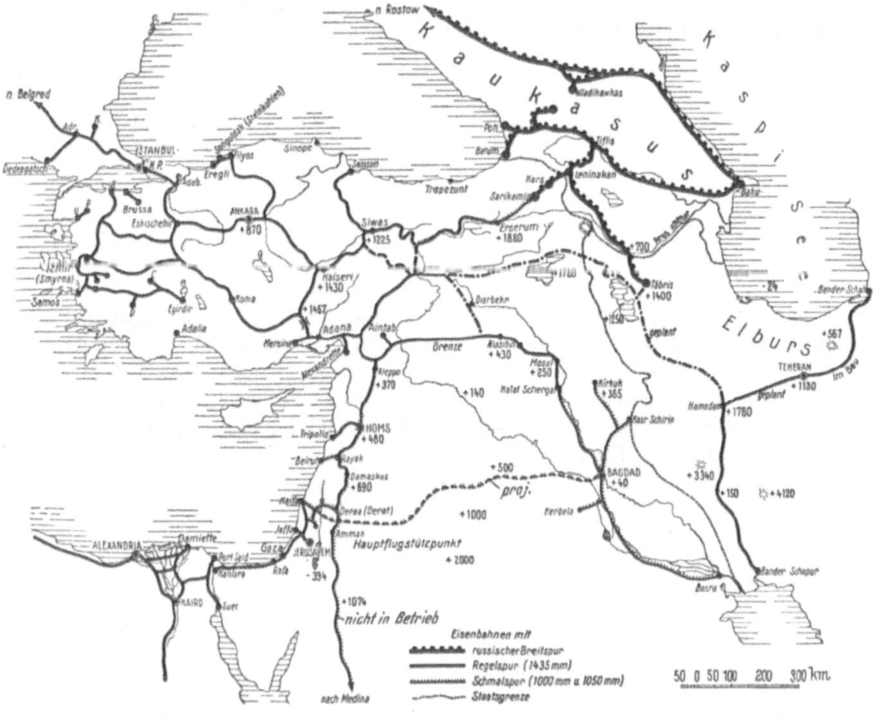

Abb. 31. Übersichtskarte über die Eisenbahnen Vorderasiens mit Angabe der Spurweiten.

der Bevölkerung sei nach den politischen Grenzen der sog. Mandate angegeben: Syrien (190000 qkm): 2273000, Palästina (23300 qkm): 1050000, Transjordanien (42000 qkm): 260000.

Der Höhenaufbau Syriens (vgl. hierzu Abb. 32a und 32b).

Hat man sich die verkehrsgeographische Bedeutung als einer Landenge — als eines zwischen Meer und Wüste eingeengten Nord-Süd-Korridors — klargemacht, so ist es notwendig, nun ein Bild von dem eigenartigen Höhenaufbau zu gewinnen. Von diesem hat man meist unrichtige Vorstellungen; man unterschätzt nämlich meist die Höhen und die Steilheit, und man beachtet nicht genug, daß die Fluß- und Talbildungen nicht senkrecht auf die Küste führen, sondern daß die einzige große Talbildung parallel zur Küste verläuft.

[1] Eine ausgezeichnete Darstellung über den Krieg in Palästina findet sich in der Zeitschrift „Wissen und Wehr“ 1936.

Für Syrien ist nämlich die Nord-Süd-Richtung maßgebend. Sie kommt in der Küstenlinie, den beiden großen Gebirgszügen und dem von diesen eingeschlossenen Syrischen Grabenbruch zum Ausdruck:

Die Küste verläuft gestreckt von Nord nach Süd. Sie ist im nördlichen Teil gebirgig und weist hier eine Reihe brauchbarer Häfen auf; sie ist also günstig für den Seeverkehr, aber schwierig für das Eindringen des Querverkehrs in das Landesinnere. Im südlichen Teil ist die Küste flacher; sie weist hier aber keinen guten Hafen auf, ist also günstig für das Eindringen des Querverkehrs in das Landesinnere, aber schwierig für den Seeverkehr. Die Bedeutung der einzelnen Küstenlandschaften und ihrer Städte hängt von der sehr unterschiedlichen Fruchtbarkeit und den verkehrsgeographischen Einzelheiten ab. Im allgemeinen ist der nördliche Teil höher zu bewerten als der südliche. Als günstigsten Teil kann man den Raum Haifa—Akka bezeichnen, da hier der Karmel eine Bucht

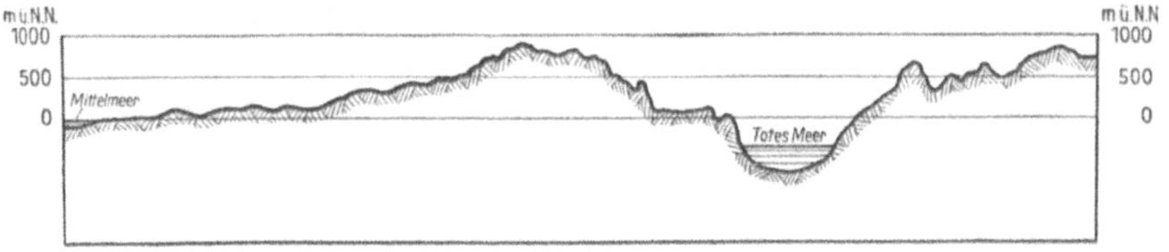

Abb. 32a. Querschnitt durch Palästina.

bildet und die einzige große West-Ost-Quersenke (Haifa—Affule—Samak—Dera) in das Innere führt, und zwar in vergleichsweise fruchtbare Gebiete (vgl. Abb. 33).

Von der Meeresküste aus steigt das erste Gebirgsmassiv auf. Ganz im Norden wird es durch den Amanus gebildet, der aber geologisch schon zu dem gefalteten Südwestasien gehört; sein mittlerer Teil ist der Libanon; sein südlicher Teil bildet das Kernland Palästinas.

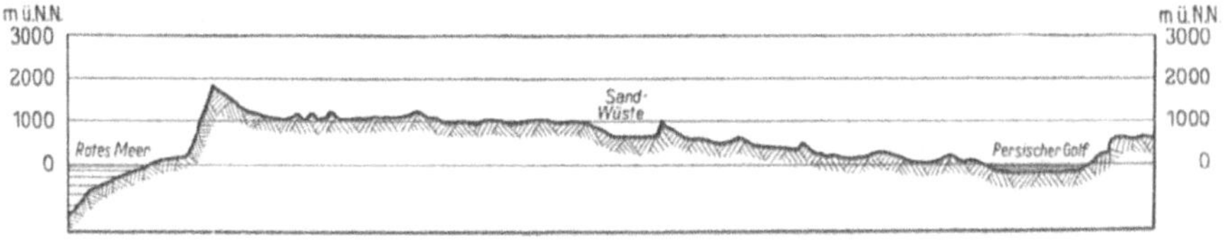

Abb. 32b. Querschnitt durch Arabien.

Diesem Gebirgsmassiv ist in seinem südlichen Teil bis hinauf nach Akka eine schmale Küstenebene vorgelagert. Die Höhen des Gebirges steigen im Libanon bis zu 3066 m an; der Paß, den die Eisenbahn Beirut—Damaskus benutzt, liegt auf beinahe + 1500 m (rd. 350 m höher als der Scheitelpunkt der Gotthardbahn!); in Palästina sind die Höhen niedriger, immerhin beachte man die Höhenlage von Nazareth + 340 m, Nabulus (Sichem) + 570 m, Jerusalem + 780 m und Hebron + 927 m.

Auf diese „Küstenkordillere" folgt nun der rd. 950 km (!) lange „Syrische Graben", also der tiefe Nord-Süd-Grabenbruch, der im Norden bei Antiochia beginnt und über das Tote Meer, das Wadi el Araba und den Meerbusen von Akaba in den Grabenbruch des Roten Meeres ausmündet. In dem Graben fließen im Norden der Orontes (nach Norden), in der Mitte der zum Meer durchbrechende Leontes und im Süden der Jordan (nach Süden). Der höchste Punkt des Grabens liegt auf der Wasserscheide zwischen Orontes und Leontes nördlich von Baalbek auf etwa + 1200 m, der tiefste am Toten Meer auf — 394 m (unter dem Meeresspiegel). Der Graben müßte als dem Verkehr günstig bezeichnet werden, aber seine Verkehrsbedeutung ist besonders in seinem südlichen Teil sehr gering; er bildet die „Ausnahme von der Regel": er ist nicht der starke Träger des Längsverkehrs, sondern nur das Hindernis für den Querverkehr. Aber sein nördlicher Teil, das zwischen dem Libanon und Antilibanon liegende „Cölesyrien", d. h. das „hohle Syrien" des Altertums, das heutige Tal el Beka ist fruchtbar; es ist rd. 120 km lang, 8—14 km breit und liegt 1500—2200 m (!) tief eingesattelt zwischen den beiden Gebirgskämmen. Es wird von der Eisenbahn Beirut—Damaskus gekreuzt, von der bei Rejak die

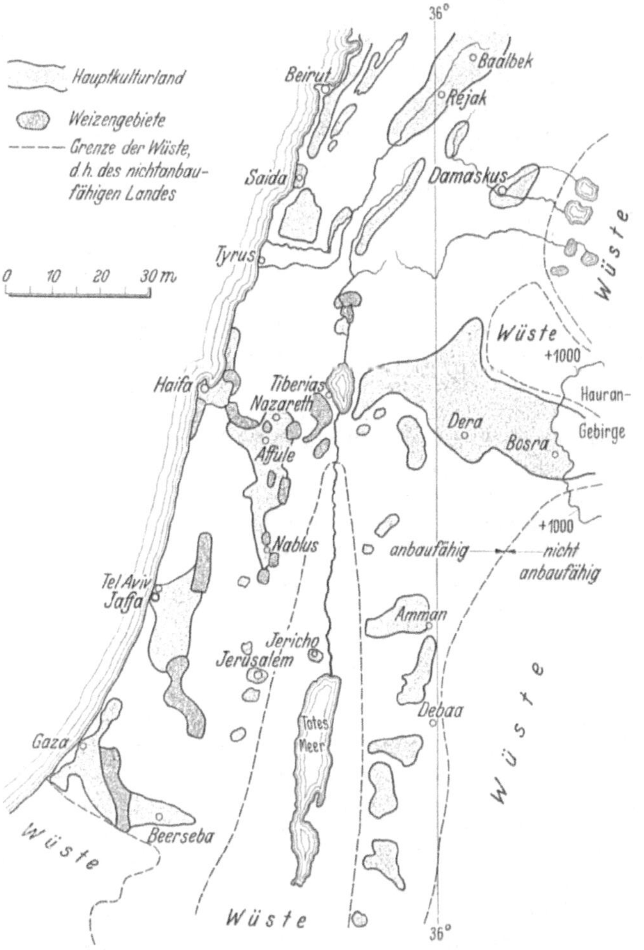

Abb. 33. Übersicht über die Kultur- und Wüstengebiete.

Bahn nach Baalbek—Aleppo (330 km) abzweigt (vgl. Abb. 34a): Der südliche Teil des Grabens gehört von längstens Jericho ab zur Wüste; er hat nur geringe wirtschaftliche Bedeutung (Gewinnung von Kali und Brom, Touristenverkehr); die Ränder des Grabens sind hier sehr steil; die Luftlinie Jerusalem—Totes Meer beträgt nur 22 km (!); man kann das Tote Meer von Jerusalem aus liegen sehen; aber der Höhenunterschied beträgt rd. 1200 m (von +780 m auf rd. —400 m); das ist mehr als der Höhenunterschied zwischen dem Meer und dem Gotthardtunnel (!).

Östlich folgt auf den Syrischen Graben die Hochscholle, die zur Arabischen Wüstentafel überleitet. Die Höhen liegen mindestens auf +500 m, sie erreichen aber in weiten Gebieten 1000 m, in einzelnen Gebirgsstöcken 1800 m und mehr; die für unsere Betrachtung wichtigsten Gebirgszüge, der Antilibanon und der Hermon gipfeln in Höhen von 2400—2750 m; der Paß, in dem die Bahn Beirut—Damaskus den Antilibanon überschreitet, liegt + 1405 m hoch; Damaskus, die wichtigste Stadt des inneren Syriens, liegt auf + 690 m.

Da der ganze Höhenaufbau von der Nordsüdrichtung beherrscht wird, muß er natürlich, wie schon angedeutet, dem West-Ost-Verkehr erhebliche Schwierigkeiten bereiten. Demgemäß sind die natürlichen West-Ost-Querwege (von der Küste und ihren Häfen in das Landesinnere) zu prüfen. An solchen sind vorhanden:

Ganz im Norden gibt die Natur dem Verkehr die Chance, daß er beim Vordringen von der verkehrsgeographisch so günstig liegenden Bucht von Alexandrette in das Landesinnere nur einen Gebirgsriegel, nämlich den Amanus, zu überwinden hat. Dies geschieht in den „Syrischen Toren“, die jedoch immerhin in einer Höhe von + 670 m liegen, und zwar bei einem Abstand von der Küste von nur etwa 10 km, so daß die Steigung also etwa 1 : 15 beträgt. Hinter den Syrischen Toren gibt die Natur dem Verkehr die weitere Chance, daß gerade an dieser Stelle der Euphrat am weitesten nach Westen ausholt, und daß die Landschaft hier nicht steinige Wüste, sondern wellige Steppe ist. Der Sammelpunkt für den Verkehr ist Aleppo (+ 370 m, rd. 200000 Einwohner), das aber nicht unmittelbar am Euphrat, sondern an einem Nebenfluß halbwegs zur Küste liegt. Von Aleppo ab findet der Verkehr gute Verhältnisse sowohl nach Osten zum Tigris (nach Ninive) als auch nach Südosten am Euphrat entlang nach Bagdad (Babylon). Diesen uralten, geschichtlich so hochbedeutsamen Wegen folgt heute die Bagdadbahn von Aleppo ab.

Weiter südlich durchbricht der Orontes den Gebirgsriegel; er hat hier im Altertum die Hauptstadt Antiochia entstehen lassen. Heute ist dieser Durchbruch noch nicht durch eine Eisenbahn ausgenutzt; es ist dabei aber zu beachten, daß er im türkisch-französischen Grenzgebiet liegt, daß hier also das Interesse an Bahnbauten gedämpft ist.

Erst rd. 300 km südlich erfolgt der nächste Durchbruch, das Tal des Leontes, in dessen Nähe das alte Tyrus lag; aber auch dieser Durchbruch ist von der Lokomotive noch nicht ausgenutzt.

Zwischen den Durchbrüchen des Orontes und des Leontes liegen dagegen — also nicht an Quertälern! — die beiden wichtigen Häfen Tripolis und Beirut mit den Eisenbahnen nach Homs und Damaskus.

Dann folgt bei Haifa eine größere, durch regen Ackerbau ausgezeichnete Talbildung; diese führt als Kison- und Jesreel-Ebene nördlich des Karmel und südlich von Nazareth über die nur + 183 m hoch liegende Wasserscheide von Affule nach dem Jordantal (— 247 m), in diesem aufwärts zum See Genezareth (— 208 m) und dann durch das Tal des Jarmuk, des größten Nebenflusses des Jordan weiter aufwärts nach Der a(+ 529 m) an der Hedschasbahn und hiermit zu dem fruchtbarsten Gebiet des inneren Syrien. Hier erhalten nämlich die Westhänge des bis zu + 1850 m ansteigenden Hauran genügend Niederschläge, um das Quellgebiet des Jarmuk zu einem Gartenland, einer Großoase in der Wüste, und damit zur Kornkammer Syriens zu machen (vgl. Abb. 33).

Dann bietet sich erst wieder nach einer Strecke von 150 km eine leidliche Querverbindung in der allgemeinen Richtung von Gaza zur Südspitze des Toten Meeres, die aber (vorläufig) keine Bedeutung hat, da das ganze Gebiet Steppe und Wüste ist.

b) Die Verkehrserschließung.

Wenn man für Syrien die politischen Grenzen außer Betracht lassen und nur die Gegebenheiten der natürlichen und Wirtschaftsgeographie beachten würde, so würde man wohl zu der Erwägung kommen, daß an Hauptverkehrswegen, also an Eisenbahnen, folgende Linien notwendig sind:

1. West-Ost-Linien. a) Eine Linie im Norden, also vom Golf von Alexandrette zum Euphrat und weiter nach Nordosten (Erserum) und nach Südosten (Mosul—Bagdad—Basra).

b) Eine Linie in der Mitte, am besten wohl von Haifa (oder von der Mündung des Leontes aus?) bis zum Rand der Wüste, damit von hier dann die Karawanenwege ausstrahlen können; der beste Zielpunkt würde hierbei Damaskus sein[1].

c) Eine Linie im Süden; von welchem Hafen sie ausgehen müßte, ist zweifelhaft, denn gute Häfen gibt es hier nicht; zweifelhaft ist auch, ob Jerusalem ein lohnendes Ziel ist, oder ob man (von Gaza ausgehend) das Tote Meer südlich umfahren sollte.

Auf jeden Fall ist für alle West-Ost-Linien klar, daß ihre Bedeutung von Nord nach Süd abnimmt, daß dagegen die Geländeschwierigkeiten zunehmen.

2. Nord-Süd-Linien. Da Syrien die Landenge, der „Korridor" zwischen Kleinasien und Mesopotamien einerseits und Ägypten andererseits ist, ist jedenfalls eine durchgehende Hauptlinie aus dem Raum Aleppo nach Kairo erforderlich. Ob für diese rd. 1000 km lange Bahn die Führung an der Küste entlang oder im Landesinnern zweckmäßiger sein würde, kann nicht einheitlich entschieden werden. Im nördlichen Teil ist nämlich der Bau an der Küste wegen deren starker Gliederung teuer, und bei der Fülle guter Häfen wäre der Wettbewerb der Küstenschiffahrt zu fürchten; beim Bau im Landesinnern würde man dagegen neue Gebiete erschließen, und zwar die fruchtbarsten wohl dann, wenn man durch Cölesyrien gehen würde. Im südlichen Teil, von etwa Haifa ab, wäre dagegen der Bau an der Küste vorzuziehen, denn sie ist hier flach, fruchtbar und hafenarm. Es würde dann noch das Verbindungsstück vom oberen Jordan oder untern Leontes nach Haifa festzulegen sein; aber das ist nicht schwierig. Es würden außerdem noch die Fragen zu lösen bleiben, wie man Jerusalem und besonders Damaskus anschließen soll; wahrscheinlich würde man hier zu Stichbahnen greifen müssen.

Die Verkehrserschließung Syriens konnte aber leider, wie in so manchem andern Land, nicht nach den natürlichen Gegebenheiten erfolgen, sondern sie

[1] Es verlohnt sich, die Lage von Damaskus kurz zu skizzieren: Aus der Gesamtlage von Mittel-Syrien zu Nord-Arabien ergibt sich, daß irgendwo am Osthang des Antilibanon ein Verkehrspunkt vorhanden sein muß, von dem der von Westen kommende Verkehr nach Überwindung der Gebirge nun in die zwar nicht ebene, aber nur wellige, auf etwa + 700 m liegende Hochfläche der Steppe und Wüste ausstrahlen muß. Dieser Punkt kann nur am östlichen Austritt eines Quertales liegen, das mit Cölesyrien durch einen Paß verbunden ist; die Stelle wird also in der Senke zwischen dem Hermon und dem Antilibanon zu suchen sein. Außerdem muß aber in diesem so wasserarmen Land noch die wichtige Bedingung erfüllt sein, daß genügend Wasser vorhanden ist. Beide Bedingungen werden nun durch den Fluß Barada erfüllt. Dieser entspringt nämlich (nicht weit von Baalbek) an dem Westhang des Antilibanon, der vom Mittelmeer her reichlich Regen erhält. Der Barada fließt dann aber nicht wie der Leontes und Jordan nach Süden ab, sondern er durchbricht das Gebirge nach (Süd-)Osten. Dessen Osthang ist, da er keine Niederschläge erhält, regelrechte Felsenwüste. Wo aber der Barada aus dem Gebirge auf seinen sehr flachen Schuttkegel austritt, wird er seit undenklichen Zeiten vom Menschen gefaßt und zur Bewässerung ausgenutzt. So entsteht eine Oase, etwa 15 km breit und (von W nach O) 25 km lang, bis das wenige übriggebliebene Wasser am Rand der Wüste in flachen Seen verschwindet. Diese Oase ist außerordehtlich fruchtbar, sie ist ein einziger Garten; außer allen Südfrüchten gedeihen hier viele unsrer Obstsorten und Nüsse, ferner Gemüse und Getreide. Wo aber das Wasser nicht hinkommt, ist Wüste; und genau wie in Ägypten bildet der oberste Bewässerungsgraben die scharfe Grenze zwischen der gelben, toten Wüste und dem üppigen, grünen Garten. In dieser Oase liegt die eigentliche Stadt Damaskus, altberühmt durch ihren Gewerbefleiß und ihre prachtvollen Bauten, für den Araber ein Abglanz des Paradieses. — Was eine große Oase und eine Oasenstadt eigentlich bedeutet, kann man sich kaum irgendwo so gut klarmachen wie in Damaskus.

wurde von der Politik beherrscht. In der maßgebenden Zeit (1840) war Syrien in türkischem Besitz. Die Türkei war aber zuerst überhaupt nicht verkehrsfreundlich, und später, als sie die Abneigung gegen die Eisenbahn überwunden hatte, war sie nicht Herr im Haus; die Eisenbahnpolitik Vorderasiens stand dann nämlich unter dem Zeichen der politischen Ohnmacht des „Kranken Manns am Bosporus“ und der Eifersucht zwischen England und Rußland.

Da Syrien von der Eisenbahnpolitik Rußlands nicht betroffen wird, ist zu-

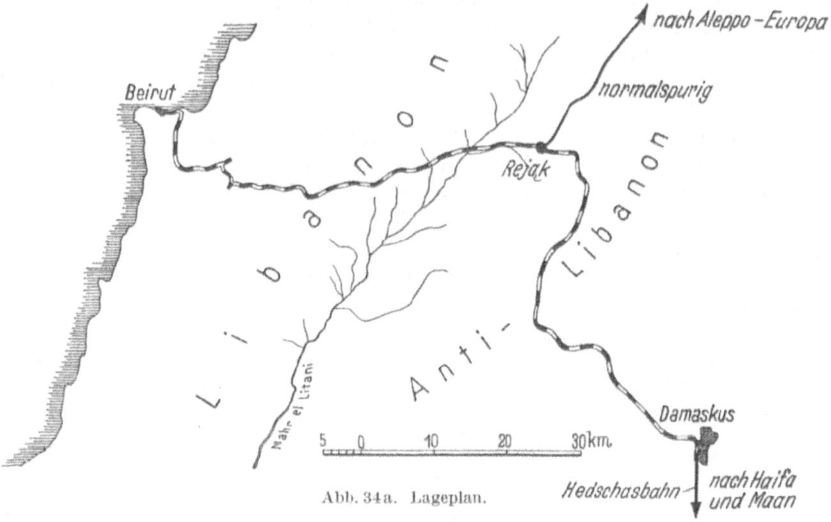

Abb. 34a. Lageplan.

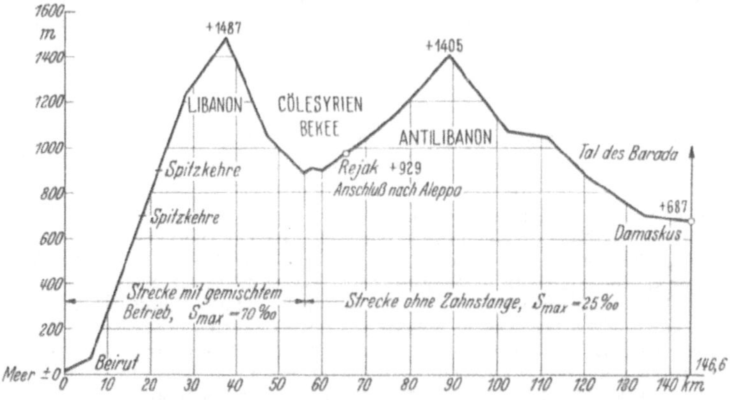

Abb. 34b. Längenschnitt.

Abb. 34. Die Eisenbahn Beirut—Damaskus.

nächst auf die Englands einzugehen. Sobald man in England die allgemeine Bedeutung der Eisenbahn für den durchgehenden Verkehr auf weite Entfernungen erkannt hatte, wurde man sich auch über die Bedeutung einer durchgehenden Verbindung vom Mittelmeer zum Persischen Golf klar und begann schon um 1840 die Trasse einer „Bagdadbahn“ zu erkunden, die etwa von Alexandrette ausgehen und dann dem Euphrat oder Tigris folgen sollte, wobei man erwog, den Schienenweg streckenweise durch die Flußdampfschiffahrt zu ersetzen. Zur Sicherung des Ausgangsraums ließ sich England vorsichtshalber 1878 Cypern von der Türkei abtreten. Inzwischen war aber der von England ursprünglich bekämpfte Suezkanal 1869 eröffnet worden, so daß es England für besser hielt, die Mehrheit der Suezkanalaktien zu kaufen und 1882 Ägypten zu besetzen. Es hatte dann also kein Interesse mehr an seiner „Bagdadbahn“, und der Gedanke dieser Bahn nahm erst 1899 feste Gestalt an, nun aber nicht als englisches, sondern als deutsch-türkisches Unternehmen.

Inzwischen hatte auch Frankreich in Syrien wirtschaftlich Fuß gefaßt, und es wurde daher von einer französischen Gesellschaft zunächst die Bahn Beirut—Damaskus gebaut und 1895 eröffnet (vgl. Abb. 34).

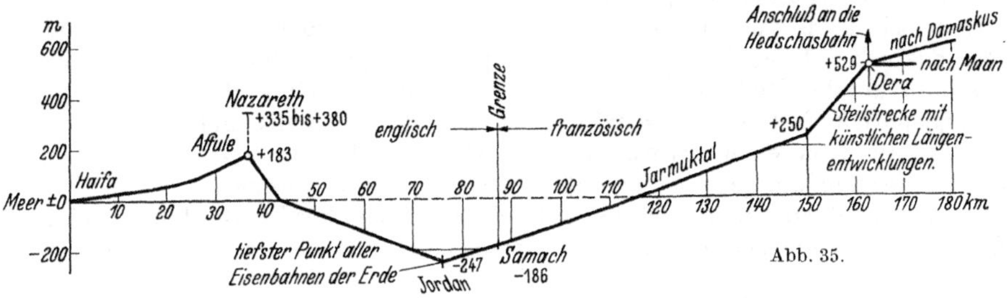

Abb. 35.

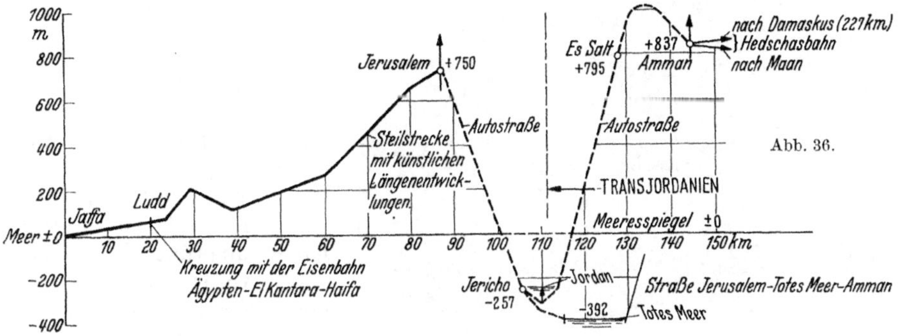

Abb. 36.

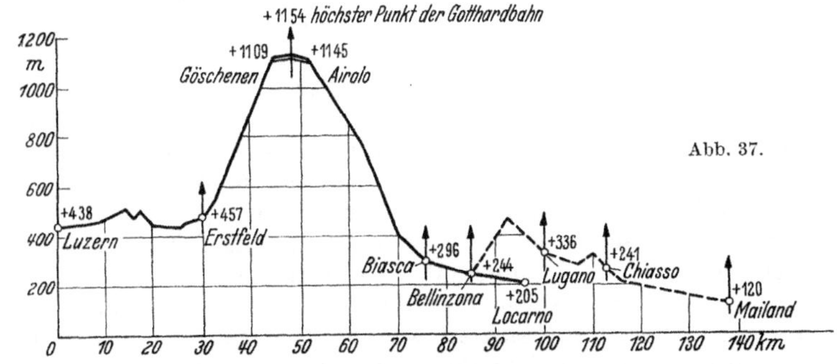

Abb. 37.

Abb. 35 bis 37. Die Längenprofile der drei wichtigsten West-Ost-Bahnen und (zum Vergleich) das der Gotthardbahn.

Die Beirut—Damaskus-Bahn hat mit großen Geländeschwierigkeiten zu kämpfen. Sie klettert steil den Libanon bis zu einer Höhe von + 1487 m hinauf, und zwar als „Bahn mit gemischtem Betrieb“ mit höchsten Steigungen von 25‰ in den Reibungs- und 70‰ in den Zahnstrecken, mit einem kleinsten Halbmesser von 100 m und mit zwei Spitzkehren. Die Spurweite beträgt 1050 mm. Die Bahn steigt dann vom Libanon nach Cölesyrien bis auf + 890 m herab und überwindet den Antilibanon auf einer Höhe von + 1405 m, um dann (im Tal des Barada) nach Damaskus bis auf + 687 m herabzusteigen. Die Bahn ist allen Verkehrsansprüchen gewachsen; die Fahrzeit Beirut—Damaskus beträgt aber (bei 146 km Gesamtlänge und zusammen 32 km Zahnstrecken) rd. 7 Stunden, so daß sie vom Kraftwagen, der nur 112 km zurückzulegen hat und hierfür etwa 3 Stunden braucht, im Verkehr der zahlungskräftigen Reisenden geschlagen wird. Die Bahn hat mit Schnee und Steinschlägen zu kämpfen; der Schnee bleibt bis Anfang April liegen; zahlreiche Schneegalerien sind notwendig geworden (vgl. Abb. 38). Wie kalt es dort im „sonnigen Süden" sein kann, zeigt z. B., daß man dort Ende März Kamelkarawanen über Schneefelder ziehen sehen kann, und wie hoch die Bahn klettern muß, entnehme man aus dem Vergleich der Abb. 35 und 37, Libanon +1487, Gotthardtunnel „nur" +1154 m!

Die Beirut—Damaskus-Bahn hat in Rejak durch die normalspurige Bahn über Baalbek—Homs Anschluß nach Aleppo zur Bagdadbahn und in Damaskus Anschluß an die Hedschasbahn, deren Spurweite ebenfalls 1050 mm beträgt. Normalspurige Verbindung besteht ferner zwischen Tripolis und Homs.

Ebenfalls von einer französischen Gesellschaft wurde die Eisenbahn Jaffa—Jerusalem gebaut und 1892 eröffnet. Mit einer Gesamtlänge von 87 km führt sie gemäß Abb. 33 und 36 zuerst durch die Ebene über Lydda (Ludd, 20 km), Knotenpunkt nach Haifa und Kairo, und beginnt erst bei km 39 und bei etwa +110 m Höhe stark zu steigen, um mit künstlichen Längenentwicklungen von zusammen etwa 20 km Länge (!) Jerusalem, die „hochgebaute Stadt", auf +750 m zu erreichen. — Die Straße ist nur 63 km lang, hat aber Steigungen bis zu 190‰ (1 : 5,3). Die Bahn Jaffa—Jerusalem hatte ursprünglich Meterspur, wurde im Krieg von den Türken auf 1050 mm und dann von den Engländern auf Normalspur umgebaut, die sie seither behalten hat, obwohl Meterspur reichlich genügen würde (s. u.). Die Bahn macht den Eindruck, daß sie von Anfang an „billig und schlecht" trassiert worden ist. Die Bahn ist nach dem Weltkrieg der französischen Gesellschaft von England abgekauft worden.

Abb. 38. Schnee-Galerie auf dem Libanon.

Während so Fremde in Syrien Stichbahnen bauten, konnte die Türkei zunächst nur den Bau der Hedschasbahn durchsetzen. Sie ist nicht auf wirtschaftliche, sondern auf politisch-religiöse Erwägungen zurückzuführen; sie sollte das Kernland Anatolien (und die Hauptstadt Konstantinopel) mit dem fernen Arabien, dem heiligen Mekka und einem Hafen am Roten Meer verbinden. Sie ist nicht durch fremdes Kapital finanziert worden, sondern aus Spenden der Gläubigen aus der ganzen mohammedanischen Welt; sie gehört auch heute noch nominell einer frommen Stiftung. Die Bauleitung lag in den Händen des Deutschen Meissner Pascha. Die Bahn führte von Damakus durch das Transjordanland über Amman (heute Hauptstadt von Transjordanien, 12000 Einwohner) bis Medina, das 1910 erreicht wurde; sie hat aber Mekka und das Rote Meer nie erreicht! Im Weltkrieg wurde sie vielfach zerstört und dann zwischen Medina und Maan „gestohlen"; — sie ist daher heute nur bis Maan in Betrieb. Die Gesamtlänge betrug früher etwa 1350 km; heute sind nur rd. 450 km in Betrieb, davon entsprechend den Mandatgrenzen der nördliche Teil unter französischer, der südliche unter englischer Verwaltung.

Von der Hedschasbahn wurde schon 1903 die Zweiglinie Dera—Samakh—Affule—(Nazareth) nach Haifa gebaut. Diese Bahn erreicht, wie Abb. 35 zeigt, von allen Bahnen der Welt den tiefsten Punkt, nämlich —247 m unter dem

Meerespiegel; die Wasserscheide bei Affule liegt auf nur +183 m; im Jarmuktal sind aber starke Steigungen zu überwinden. — Später kamen hier noch die Zweiglinien Haifa—Akka (18 km) und teilweise erst im Krieg die Linie Affule—Nablus mit Abzweig nach Tulkarm hinzu, wobei im Raum Nablus die Linienführung dieser Kriegsbahnen in dem schwierigen Gelände viel zu wünschen übrig läßt. Alle diese Bahnen haben 1050 mm Spur.

Während die Engländer sich nach Sicherung des Suezkanals und Ägyptens in der Eisenbahnentwicklung Syriens zurückhielten und den Bau der Bagdadbahn zu hintertreiben suchten, gingen sie im Weltkrieg mit dem Eisenbahnbau um so nachdrücklicher vor, und zwar von der Basis Ägypten aus. Sie trieben aus dem ägyptischen Eisenbahnnetz von El Kantara aus die Eisenbahnspitze an der Küste entlang vor, wobei sie den Suezkanal überbrückten; die Brücke wurde nach dem Krieg wieder abgerissen, so daß man jetzt den Kanal mittels Fähre überschreitet. Diese Kriegsbahn erhielt Normalspur und wurde über Rafa (heutige Grenzstation)—Ludd (Knotenpunkt für Jaffa und Jerusalem)—Tulkarm (Knotenpunkt für Nablus) nach Haifa geführt; Streckenlängen und Fahrzeiten: Kairo—Jerusalem 564 km 15 Stunden, Schlafwagen; Kanatara—Rafa 203 km; Rafa—Ludd 101 km; Ludd—Haifa 112 km; Jerusalem—Haifa 179 km, 4 Stunden.

Die Eisenbahnen der englischen Mandatgebiete Palästina und Transjordanien unterstehen zwar einer einheitlichen englischen Verwaltung. Aber sie können nicht als ein einheitliches Netz betrieben werden, denn sie haben verschiedene Spurweiten und in der Strecke von Haifa nach Transjordanien liegt die französische Strecke Samakh—Nassib.

Der Zustand der Bahnen im französischen Mandatgebiet ist ordentlich, im englischen Gebiet aber nicht gut. Das ist keine unfreundliche Kritik; der schlechte Zustand wird vielmehr von der Verwaltung offen zugegeben[1]. Außer der Hedschasbahn sind die Linien schlecht trassiert, was für die im Krieg gebauten Linien in gewissem Grad zu entschuldigen ist; die Steigungen sind stark, die Kurven eng. Der Oberbau ist zu schwach; die hölzernen, nicht getränkten Schwellen halten nur acht Jahre; Stahlschwellen würden zwar dreimal so teuer sein, aber fünfmal so lang halten. Die Brücken, namentlich die im Krieg gebauten, sind zu schwach und vielfach aus minderwertigen Stoffen erbaut; sie leiden stark unter den bei Regengüssen gefährlich anschwellenden Sturzbächen. Der Lokomotiv- und Wagenpark war veraltet; die Lokomotiven leiden sehr unter dem schlechten Speisewasser. Man hofft jetzt, daß der Zustand sich bessert, nachdem die neuen Werkstätten in Haifa in Betrieb genommen sind.

Aber trotz dieser Mängel sind die Bahnen, wenigstens im Güterverkehr, den Bedürfnissen im allgemeinen gewachsen, denn die Verkehrsmengen sind entsprechend den gesamten wirtschaftlichen Grundlagen recht gering. Es ist daher verständlich, daß England sich lange Zeit nicht hat entschließen können, große Mittel für die Verbesserung der Trassen aufzuwenden; man beschränkte sich anscheinend auf die notwendigen Verbesserungen der Bahnhofsanlagen und baut außerdem Anschlußgleise (von teilweise recht großer Länge) nach wirtschaftlich wertvollen Stellen; ferner sind größere Aufwendungen für den Lokomotiv- und Wagenpark gemacht worden.

Diese Zurückhaltung, die die Engländer auch in ihren afrikanischen Mandatgebieten beobachtet haben, war vom wirtschaftlichen Standpunkt verständlich, solange die Verhältnisse friedlich zu sein schienen. Je mehr England hier aber machtpolitische Bestrebungen einleitete, um so größere Mittel wandte es auf; insbesondere bemühte es sich, zu einer betriebstechnischen Einheit zu kommen. Hierbei müßte neben andern schwierigen Fragen auch die der Spurweite geklärt werden; Ägypten hat Normalspur, Irak Meterspur, Palästina ein Durch-

[1] Vgl. Railway Gazette 1932, S. 42.

einander von Normalspur und 1050-mm-Spur; hier zu klaren Verhältnissen zu kommen, ist also schwierig; es ist aber lehrreich, daß der Leiter der englischen Eisenbahnverwaltung sich gegen die Normalspur ausgesprochen hat, da die Schmalspur vollständig ausreicht.

England hat auch das schwierige Problem einer eigenen, also englischen Bagdadbahn genau geprüft: Da England in Nordsyrien (trotz seiner vorgelagerten Insel Cypern und seines starken Einflusses im Ölgebiet von Mosul) politisch zurückgedrängt ist, sich also auf die alte Bagdadbahn nicht mehr stützen kann, muß es einen weiter im Süden verlaufenden neuen Weg suchen. Hierbei ergibt sich ein Gegensatz zwischen den natürlichen und den politischen geographischen Verhältnissen.

Da das zu durchfahrende Gebiet, also das Land zwischen der Küste und dem Euphrat (Syrien—Nordarabien) nach Süden zu immer breiter, höher und wüster wird, wird die Trasse durch die natürlichen Verhältnisse nach Norden gedrängt, und zwar ziemlich eindeutig in die Linie Haifa—Bagdad. Diese Linie würde gemäß Abb. 25 etwa 900 km lang werden; ihr tiefster Punkt würde (in der schon vorhandenen, aber wesentlich zu verbessernden Bahn Haifa—Samak) auf 247 m unter dem Meerespiegel liegen; von Samak aus müßte die Bahn in einem gewissen Abstand von dem französischen Mandatgebiet zu der Hochebene hinaufklettern, auf der die Höhen wahrscheinlich nicht viel über + 1000 m betragen würden; die Trasse würde noch nicht in der regelrechten Wüste, sondern in einem Übergangsgebiet zwischen Steppe und Wüste verlaufen.

Für eine Bahn Haifa—Bagdad lagen die allgemeinen Vorarbeiten 1932 vor. Die Trasse ist (nach Railway Gazette Jan. 1932) in Abb. 25 dargestellt. Sie folgt von Haifa bis zum See Genezareth ungefähr der vorhandenen Bahn, vermeidet dann aber das französische Mandatgebiet und wendet sich daher ziemlich stark nach Südosten; sie führt dann ziemlich gestreckt in Richtung ONO auf Hit am Euphrat zu und von da nach Bagdad. Die Bahn würde rd. 1100 km lang; ihre Bauzeit ist zu 5 Jahren veranschlagt. Die klimatischen und Geländeschwierigkeiten werden in dem Bericht als groß bezeichnet; die Temperaturunterschiede betragen von —7⁰ Kälte auf dem Wüstenhochplateau bis zu + 43 (im Schatten) im Jordantal; es müssen Höhen bis etwa + 1000 m erstiegen werden; besondere Schwierigkeiten bereitet der Aufstieg vom Jordan zu dem Hochplateau, der sieben Tunnel und zehn Viadukte erfordern wird, ferner die Durchquerung eines rd. 240 km breiten Gebiets, dessen Boden von Lavablöcken gebildet wird.

Dieser wirtschaftlich zweckmäßigen nördlichen Linienführung widersprechen aber die politischen Verhältnisse: im Osten hat sich Irak schon so selbständig gemacht, daß England wahrscheinlich den direkten Weg nach dem Persischen Golf, und zwar nach Koweit (also nicht einmal nach Basra) vorziehen wird. Und im Westen wird sich England lieber auf Ägypten und auf seine neuerdings stark ausgebaute militärische Stellung am Suezkanal stützen als auf das politisch aufgewühlte Palästina. Da außerdem die Küste zwischen Port Said und Haifa, wie oben erwähnt, ungünstig ist und der Syrische Graben ein Herabsteigen der Linie bis auf etwa —300 m unter den Meerespiegel erfordern würde, so scheint Akaba (am Roten Meer gelegen, politisch umstritten) ein günstiger Ausgangspunkt zu sein. Es müßte in diesem Fall mit dem Eisenbahnnetz Ägyptens verbunden werden, was von der Bahn El Kantara—Gaza oder unmittelbar von der Stadt Suez aus geschehen könnte. Die Luftlinie Akaba—Koweit ist aber 1300 km lang, und die Linie müßte sicher weit über + 1000 m hinaufklettern, jedoch unter + 1500 m bleiben, und sie müßte, wenn sie nicht einen großen Bogen nach Norden macht, auf beinahe 400 km Länge regelrechte Wüste durchqueren; — das ist aber wohl bei dem heutigen Stand der Eisenbahntechnik zu leisten. Schwierig wird auch hier die Frage der Spurweite sein. Die Entscheidung über die Trassen liegt aber nicht bei der Geographie und dem Ingenieur, sondern bei der Politik!

Über die Leistungsfähigkeit der Eisenbahnen in Palästina wird von Einheimischen und Fremden viel „gemeckert“, und es werden dabei oft Kritiken laut, die allgemein eisenbahnfeindlich sind und die Eisenbahn für derartige Länder allgemein für ungeeignet erklären. Vor solchen Verallgemeinerungen sollte man sich hüten. Es ist richtig, daß der Kraftwagenverkehr in Palästina und allgemein in Syrien eine relativ große Rolle spielt, aber das liegt nur daran, daß der Gesamtverkehr so schwach ist, daß man in die Eisenbahn (vorläufig) noch keine großen Kapitalien hineingesteckt hat, und daß man sich mit den hohen Kosten des Kraftwagens abfinden kann. Der Eisenbahnfachmann hat das Empfinden, daß Syrien ein besonders günstiges Feld für den Triebwagen sein müßte, und zwar nicht nur für den Personen-, sondern auch für den Eilgutverkehr (namentlich für den Verkehr von Früchten). Man könnte dann den Fahrplan, der jetzt auf vielen Strecken (infolge des schwachen Bestandes an Lokomotiven und Wagen) schlecht ist, verdichten und außerdem trotz der starken Steigungen größere Geschwindigkeiten erzielen.

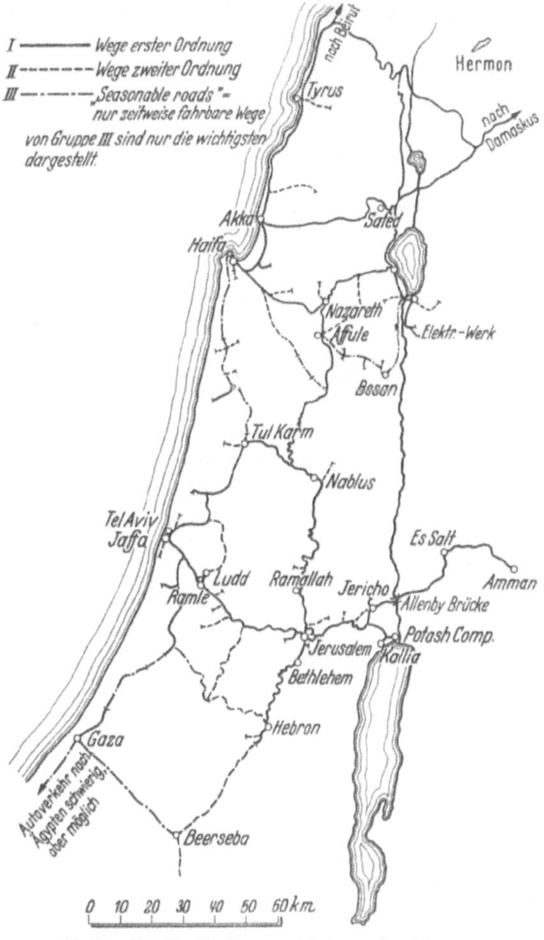

Abb. 39. Die für Kraftwagen fahrbaren Landstraßen (nach der amtlichen englischen Karte).

Vorläufig wird der Kraftwagen den meisten Verkehrsbedürfnissen gerecht. Die Landstraßen sind aber wesentlich bescheidener, als man aus den Berichten von Touristen herauslesen muß, die den Verkehr nur vom Standpunkt des Personenkraftwagens beurteilen und daher die Güte und Leistungsfähigkeit der Straßen ebenso überschätzen, wie sie die Betriebskosten unterschätzen. Die Engländer teilen in ihren Gebieten die Landstraßen in drei Gruppen: First class motor roads, Second class motor roads und principal seasonable roads. Von ihnen steht die erste Gruppe etwa unsern älteren Nebenchausseen (Straßen zweiter Ordnung im Mittelgebirge) gleich; sie sind schmal, haben starke Steigungen und scharfe Krümmungen; ihr Unterbau ist schwach; da aber die wichtigsten Straßen, wie etwa Beirut—Damaskus, Haifa—Nazareth—Tiberias, Jaffa—Jerusalem—Totes Meer geteert sind, wird der Laie verleitet, ihre technische Anlage für besser zu halten, als sie ist. Der Omnibusverkehr ist auf ihnen gut entwickelt; seine regelmäßigen Verbindungen strahlen hauptsächlich aus drei Punkten, nämlich Jerusalem, Haifa und Beirut, aus; sie sind im Reichskursbuch unter 692a angegeben; hinzuweisen ist besonders auf den dichten „Nachbarschaftsverkehr“ zwischen Jerusalem und Jaffa und auf den Wüsten-Kraftwagen-Verkehr von

Jerusalem und Damaskus nach Bagdad. Der Güterverkehr wird auch auf den guten Landstraßen, z. B. zwischen Beirut und Damaskus, noch stark mittels Kamelkarawanen durchgeführt (!).

In Abb. 39 sind die für Kraftwagen fahrbaren Straßen Palästinas nach der offiziellen englischen Karte entsprechend der obigen Gruppeneinteilung dargestellt; hierbei sind aber von den „Seasonable roads" nur einige wichtige Verbindungen dargestellt.

Im Luftverkehr nimmt Syrien infolge seiner beherrschenden Stellung als Durchgangsland einen hohen Rang ein. Die von Westeuropa kommenden Linien sammeln sich in Athen und in Ägypten (Alexandria und Kairo) und haben in Syrien Stationen in Beirut, Damaskus, Haifa, Jaffa, Jerusalem und Gaza; sie führen von hier nach Bagdad und Basra und von da nach Iran, Indien und dem Fernen Osten weiter.

Für die technische Gestaltung der Verkehrsanlagen des Orients ist der Umstand von besonderer Bedeutung, daß die Verkehrsmengen durchschnittlich nicht groß sind und jedenfalls hinter denen in sog. Industrieländern weit zurückstehen. Die geringen Mengen sind in den geographischen Gegebenheiten, namentlich in Klima, Bodengehalt und Bodengestalt zwingend begründet und daher für alle Zeit, d. h. auch bei starker Anwendung der neuzeitlichen Technik (fast) unabänderlich. Die Bodengestalt setzt die Fruchtbarkeit in den so weit verbreiteten, zum Teil sehr schroffen Gebirgen herab; das gleiche tut der Bodengehalt in den Wüsten, aber auch in vielen Steppen und in den besonders steinigen Gebieten; und wo diese beiden Voraussetzungen günstig sind, ist vielfach das Klima ungünstig, da die Beregnung zu gering ist. Insgesamt erzeugt also die Landwirtschaft keine großen Gütermengen. Der Bergbau und die Industrie sind zur Zeit noch schwach entwickelt, und ob sich eine typische Schwerindustrie mit einem starken Verkehr in Massengütern (Kohlen und Erzen) entwickeln wird, ist zweifelhaft, obwohl Bodenschätze in einzelnen Teilgebieten vorhanden sind. Dazu kommt die Anspruchslosigkeit der Bevölkerung, die zum Teil in dem warmen Klima begründet ist, das trotz der strengen Winter an Bekleidung, Hausbau und Heizung nur geringe Ansprüche stellt, so daß die Transportmengen an Bekleidungs-, Bau- und Heizstoffen nicht groß sein können. — Die besonderen Anforderungen des Öltransports werden durch besondere Verkehrseinrichtungen (Rohrleitungen) befriedigt, so daß auch von diesem Massengut das allgemeine Verkehrswesen nicht wesentlich befruchtet wird.

Wenn bis vor kurzem im Ausland so viele Tendenznachrichten über den fabelhaften Aufschwung Palästinas verbreitet wurden, so bildeten die Grundlage hierfür die Fruchthaine, die vom ausländischen Kapital im Gebiet Jaffa usw. geschaffen werden. Aber man muß doch bei der Steigerung der Erträge von Südfrüchten beachten, daß sich der Einheimische von ihnen nicht ernähren kann, sondern daß sie ausgeführt werden müssen; sie sind aber Genußmittel, die der Fremde (Europäer und Ägypter) gut entbehren kann und die außerdem dem scharfen Wettbewerb der vielen anderen Länder unterliegen, die ebenfalls Südfrüchte erzeugen und für die Absatzmärkte günstiger liegen. — Ein deutscher Landwirt, der die Verhältnisse gut kennt, hat sich dahin geäußert, daß eine stärkere Kolonisation ohne erhebliche Vergrößerung der Getreideanbauflächen und ohne Rinderzucht aussichtslos sei, daß aber gerade hierfür die Grundlagen fehlen.

Auch die Bedeutung der Industrie wird oft überschätzt. Das kunstgewerbliche Schaffen, das einst mit dem Mittelpunkt Damaskus, im Metall- und Textilgewerbe Bedeutendes geleistet hat, ist stark zurückgegangen, seitdem die Händler an dem aus Europa eingeführten billigsten Kitsch mehr verdienen als an den Erzeugnissen echten, alten Handwerks. Eine gewisse Bedeutung haben die Baumwoll-, Tabak- und Seifenindustrie und andere Gewerbe, die sich auf der

Verwertung landwirtschaftlicher und tierischer Erzeugnisse aufbauen. Dagegen ist der Bergbau wenig entwickelt, obwohl Erze an manchen Stellen festgestellt sind. In neuerer Zeit las man allerdings Berichte von einem „fabelhaften industriellen Aufschwung“ Syriens bzw. Palästinas; man muß aber auch da viel abziehen, denn es handelt sich bei diesen Kraftwerken, Wasserversorgungsanlagen, Zementfabriken usw. ebenso wie beim Häuser- und Städtebau um Investierungen von ausländischem Kapital, und zwar stark in spekulativer Absicht, nämlich in der Hoffnung auf eine große Einwanderung, eine starke dauernde Besiedlung und ein entsprechend kräftiges Wirtschaftsleben. Aber da dürfte viel Scheinblüte dabei sein. Allerdings sind ja einige Städte in den letzten Jahren gewaltig emporgeschossen, besonders Jaffa-Tel Aviv und auch Jerusalem; aber ob das alles gesund ist, darf man wohl bezweifeln; — die Zunahme von Tel Aviv ist in Abb. 40 dargestellt, die Statistik ist aber sehr unzuverlässig! Wie wenig anbaufähiges Land aber vorhanden ist, wieviel dagegen die Wüste einnimmt, mag man nach Abb. 33 selber prüfen.

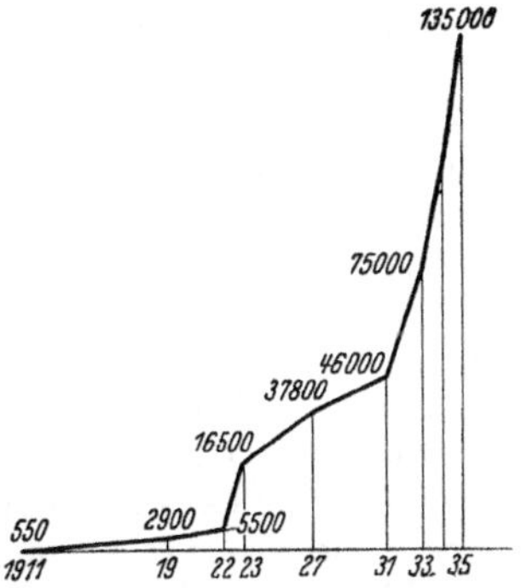

Abb. 40. Wachstum von Tel Aviv.

Da also die wirtschaftliche Basis des Verkehrs schwach ist, kann dem gesamten „Verkehrsapparat“ keine große Leistungsfähigkeit gegeben werden; der für die Verkehrserschließung maßgebende Ingenieur muß also auf anfängliche Bescheidenheit, aber Entwicklungsfähigkeit Wert legen.

Das Rückgrat der Verkehrserschließung muß auch hier die Eisenbahn bilden, zumal die Binnenwasserstraßen infolge des Gebirgsaufbaus und des Klimas, von einigen Teilgebieten abgesehen, keine große Rolle spielen können. Das Eisenbahnnetz kann aber nur sehr weitmaschig gehalten werden, und die Ausstattung in Bau und Betrieb kann nur bescheiden sein. Der seiner Verantwortung bewußte Ingenieur muß daher hier (wie in allen „nicht hochindustrialisierten“ Ländern) andere Trassierungsgrundlagen anwenden wie in den „alten“ Eisenbahnländern, nämlich in den überindustrialisierten, so dicht besiedelten und so stark verstädterten Westeuropa und östlichen Nordamerika.

Am bedeutungsvollsten wäre hier zunächst die Frage der Spurweite. Sie ist in Vorderasien leider vollständig „verpatzt“. Die richtige Spur wäre die Meterspur oder die Kapspur, die sich in dem Nachbarkontinent als „afrikanische Regelspur“ so gut bewährt hat. Leider haben aber Rußland und Vorderindien nicht nur unsere „Normalspur“, sondern sogar Breitspur, und dies hat natürlich das Eisenbahnwesen Vorderasiens beeinflußt, — allerdings noch nicht in dem Sinn, daß schon breitspurige Linien von einer breitspurigen Basis aus vorgetrieben worden sind, aber in dem Sinn, daß die Staatslenker die Meterspur als etwas Minderwertiges ansehen. Hierbei ist zu beachten, wie wenig es bekannt ist, daß die Breitspur in den Tiefebenen Rußlands und Indiens zwar keine Bauschwierigkeiten bereitet, daß sie aber für die wirtschaftlichen Bedingungen dieser Länder zu groß ist, und daß man in Vorderindien bald mit ihr hat brechen müssen und dann große Hauptbahnnetze mit Meterspur angelegt hat. Auch die hohe quantitative und qualitative Leistungsfähigkeit der Meterspur ist fast unbekannt[1].

Für die Schmalspur, und zwar die Meterspur als die richtige für die damalige Türkei ist schon vor 60 Jahren kein Geringerer als Wilhelm Pressel (1821 bis 1902), der geniale Erbauer der türkischen Eisenbahnen, eingetreten, also der

[1] Vgl. „Trassierungs-Grundsätze für Eisenbahnen außerhalb der hochindustrialisierten Gebiete“, Verkehrst. Woche 1933, Heft 37.

Mann, der anerkanntermaßen nicht nur ein hervorragender Ingenieur, Wirtschaftler und Geograph, sondern außerdem der „beste Kenner des Orients“ gewesen und als solcher z. B. auch vom Fürsten Bismarck anerkannt worden ist.

Wie dem auch sei, so sollte man jedenfalls bezüglich der Steigungen und Krümmungen von den alten Regelmaßen — und von den alten Vorurteilen! — endlich loskommen. Sie spielen allerdings keine große Rolle in den Tiefländern und auch nicht auf einigen Hochflächen, deren Reliefenergie gering ist; Vorderasien ist aber weithin Gebirgsland oder vielmehr Hochgebirgsland, und die Bauschwierigkeiten sind gerade für die wichtigsten Bahnen, nämlich für die von der Küste in das Binnenland vordringenden Linien, so groß, daß sie denen unserer Alpenbahnen nicht nachstehen; die Talbildungen und die geologischen und klimatischen Bedingungen sind sogar, wie früher erwähnt, vielfach noch ungünstiger. Da nun die Baukosten und später die Unterhaltungskosten besonders durch künstliche Längenentwicklungen erhöht werden, sollte man immer versuchen, diese grundsätzlich zu vermeiden. Hierzu muß man sich vor allem davon freimachen, sich für die maßgebende Steigung an das „Regelmaß“ von $25^0/_{00}$ (1 : 40) anzuklammern. Dieses Maß wird ja sogar bei dem großen Vorbild aller Gebirgsbahnen, der Gotthardbahn, noch um $2^0/_{00}$ überschritten, denn deren höchste Steigung ist nicht 25, sondern $27^0/_{00}$; man darf dabei aber nicht übersehen, daß für die Gotthardbahn mit einem sehr starken Verkehr gerechnet werden konnte und daß sie für Dampfbetrieb gebaut worden ist; außerdem muß man doch endlich einmal anfangen, aus den großen Fortschritten die richtigen Lehren zu ziehen, die seit dem Bau der alten Gebirgsbahnen in der Lokomotiv-, Brems- und Oberbautechnik gemacht worden sind. Meiner Ansicht nach sollte man sich für Gebirgsbahnen — und fast alle maßgebenden Linien Vorderasiens sind Gebirgsbahnen — in Gebieten mit schwachem Verkehr nicht ängstlich und kritiklos an die Trassierungsgrundlagen der Gotthardbahn anklammern, sondern auch die anderer bewährter Gebirgsbahnen beachten, namentlich das andere große Meisterwerk der Schweizer Eisenbahnbaukunst, die Albulabahn; deren Regelmaße aber sind: Spurweite 1000 mm, kleinster Halbmesser 120 (ausnahmsweise nur 100) m, größte Steigung $35^0/_{00}$. Lassen sich aber große (und kostspielige) Längenentwicklungen vermeiden, wenn man die maßgebende Steigung auf 40 oder auch $45^0/_{00}$ festsetzt, so soll man auch vor diesen scheinbar sehr starken Steigungen nicht zurückschrecken, zumal dann nicht, wenn man für lange Zeit mit nur schwachem Verkehr rechnen kann.

In Vorderasien muß man noch besonders beachten, daß die reichen Ölvorkommen die Betriebsweise mit Ölfeuerung oder mit Ölmotoren begünstigen, und daß man daher berechtigt ist, mit maßgebenden Steigungen zu trassieren, die sonst vielleicht nicht zulässig wären.

Insgesamt muß man sich von dem Gedanken leiten lassen, daß diese ersten Bahnbauten zunächst die Hauptaufgabe haben, das bisher sehr schwache Wirtschaftsleben überhaupt in die Höhe zu bringen, daß man zunächst also billig, aber ausreichend bauen muß, und daß man es den kommenden Generationen überlassen sollte, die Strecken umzubauen, wenn der Verkehr wesentlich gestiegen sein wird, und wenn dann die hohen Betriebskosten sich zu unangenehm auswirken sollten. Das ist doch eigentlich einer der wichtigsten Grundsätze einer vernünftigen Wirtschaftspolitik, und zwar nicht nur im Eisenbahnwesen. So hat man auch in Südafrika zunächst bescheiden, also mit starken Steigungen und vielen scharfen Krümmungen, gebaut und geht erst jetzt bei den wichtigsten Strecken mit Verbesserungen vor, und ein Fachmann wie Reichsbahndirektionspräsident Meyer (Erfurt) hat dies nach eingehenden Studien als richtig erklärt.

Bemerkt sei noch, daß elektrischer Betrieb für Fernbahnen wegen der hohen Anlagekosten kaum in Betracht zu ziehen ist; — ob der Ausbau von Wasserkraftanlagen diese Frage beeinflussen kann, ist allgemein nicht zu entscheiden.

Schlußbetrachtung.

Die letzten Ausführungen klingen also in die eindringliche Mahnung aus, daß sich der Ingenieur bei der Verkehrserschließung großer Bescheidenheit befleißigen muß.

„Bescheiden, aber entwicklungsfähig!"

Diese Parole gilt aber nicht nur für den Orient, sondern für den ganzen Südosten und für Mitteleuropa.

Bescheidenheit ist notwendig, weil die Gesamtaufgabe so ungewöhnlich groß ist; es sind viele Tausende Kilometer von Schienenwegen, Landstraßen und Telegraphen- und Fernsprechleitungen zu bauen, es sind Tausende Kilometer von Eisenbahnen (nebst ihren Bahnhöfen und Werkstätten usw.) und von Landwegen zu verbessern; es sind ungeheure Mengen von Betriebsmitteln (Lokomotiven, Wagen, Kraftwagen usw.) zu liefern, desgleichen von Geräten und Einrichtungen aller Art.

Für die Entwicklung des Eisenbahnwesens drängt sich da vor allem das eine Problem auf, das wir vorstehend schon so oft berühren mußten, nämlich das der Kleinbahn, und zwar der Kleinbahn mit Schmalspur.

Dieses Problem ist gerade für Deutschland aus verschiedenen Gründen von besonderer Bedeutung, und der Fachmann muß daher den Mut haben, dazu Stellung zu nehmen, wenn auch jeder, der heute für die Kleinbahn oder gar für die Schmalspurbahn eintritt, Gefahr läuft, für rückständig gehalten zu werden.

Die Schmalspurbahn ist weder minderwertig noch überholt, sondern ein vollwertiges Glied unseres Gesamtverkehrswesens; es gibt viele Verkehrsaufgaben, für die die Schmalspurbahn das überhaupt beste Verkehrsmittel ist, denn sie ist billig, zuverlässig und sicher und für viele Gegenden allen vernünftigen Ansprüchen voll gewachsen, insbesondere für unsere ausgedehnten Gebirge und alle Gebiete mit vorherrschender Land- und Forstwirtschaft, so z. B. für die deutschen Alpen, die, im Gegensatz zu der Schweiz, noch so wenig durch die Schiene erschlossen sind, und dann für die ausgedehnten ehemals polnischen Gebiete.

Noch notwendiger aber ist die Schmalspur für den ganzen „Südostraum" Europas; denn dieses Gebiet ist (von Wien bis Bagdad) nach seinen ganzen geographischen und wirtschaftlichen Verhältnissen für ein Schienennetz geeignet, das aus wenigen durchgehenden normalspurigen und vielen eingleisigen schmalspurigen Linien bestehen muß.

Die abfällige Kritik der Schmalspurbahn beruht teilweise auf Unwissenheit über ihre Leistungsfähigkeit; teilweise jedoch ist sie hervorgerufen durch die schweren Fehler, die in manchen Ländern, und zwar leider auch in Deutschland, früher gemacht worden sind. Man hat nämlich vielfach Kleinbahnen „billig und schlecht" gebaut: mit zu schmaler Spur (nur 600 mm), zu kleinen Halbmessern, zu starken Steigungen, zu schwachem Gleis; und dann wunderte man sich, daß die Betriebs- und Unterhaltungskosten unerträglich hoch wurden.

Wo immer aber tüchtige Fachleute Schmalspurbahnen gebaut haben, ist nicht nur Gutes geschaffen worden, sondern es sind regelrechte Meisterwerke entstanden, vgl. z. B. die Albulabahn, eine eingleisige Meterbahn, die trotzdem eine Schnellzugstrecke ersten Ranges ist und das wirtschaftlich niedergehende Graubünden wieder zu neuem Leben emporgeführt hat. Leider sind derartige Leistungen aber zu wenig bekannt; statt dessen werden schlechte Einzelerfahrungen verallgemeinert und der einzige, wirklich wichtige Nachteil, nämlich die Notwendigkeit des Umladens, maßlos übertrieben. Es sei daher hervorgehoben:

Während unsere „Normalspur" (das lichte Maß zwischen den Innenkanten der Schienenköpfe) 1435 mm beträgt, ist die Meterspur (1000 mm) bzw. die „Kapspur" (1067 mm) die Regelspur für fast ganz Afrika, für Japan, Siam, Java und große Teile von Indien und Südamerika; sie hat hiermit bewiesen, daß sie schwerem Güter- und Schnellzugverkehr voll gewachsen ist. Die Meterspur hat auch im Weltkrieg Hervorragendes geleistet; ein „Meterbähnchen" war das verkehrstechnische Rückgrat für den Angriff auf Verdun; mit ihr ist ein großer Teil der Sommeschlacht durchgeführt worden; sogar zum Transport der „Dicken Berta" wurde sie benutzt.

Von den noch kleineren Spurweiten, die auch für „fliegende" Bahnen in Betracht kommen, war früher die Spur von nur 600 mm sehr beliebt; sie hat sich aber nur dann bewährt, wenn das Gelände einfach, die Bahn gut angelegt und der Verkehr schwach ist. Für stärkeren Verkehr und schwierigeres Gelände sollte man aber die Spur von 750 mm wählen, weil erst diese den Bau genügend breiter Wagen und ausreichend leistungsfähiger Lokomotiven gestattet. Diese Spur hat sich, wie schon erwähnt, in Bosnien (mit der unwesentlichen Abweichung von 750 auf 760 mm) und besonders im alten Königreich Sachsen gut bewährt; — daß dort jetzt, nachdem die Wirtschaft durch die Kleinbahn belebt ist, einzelne Linien auf Normalspur umgebaut werden, beweist nichts gegen die Schmalspur. Die Spur von 750 mm ist glücklicherweise auch noch gerade klein genug, um für „fliegende" (schnell verlegbare, transportable) Gleise verwendet zu werden, also für Anschlußgleise in der Land- und Forstwirtschaft, in Steinbrüchen, Ziegeleien, Fabriken und bei Erdarbeiten.

Deutschland muß meiner Überzeugung nach für die beiden Spurweiten, die von 750 und die von 1000 mm, einen in jeder Beziehung hochwertigen Bahntyp entwickeln, bei dem die vollständige Normung (Normalisierung) aller bau- und maschinentechnischen Anlagen, Einrichtungen, Armaturen, Werkzeuge und Geräte mit die Hauptsache ist; denn dann wird die Herstellung billig und die Instandhaltung erleichtert; dann ist auch die Austauschfähigkeit (von Lokomotiven, Wagen, Weichen, Schienen, Ersatzteilen usw. und vor allem auch von Personal) sichergestellt.

Hierbei ist der neue Bahntyp von 750 mm Spurweite berufen, in Europa und andern hochentwickelten Ländern als Kleinbahn eingesetzt zu werden, also in Ländern, in denen leistungsfähige Netze von Haupt- (und Neben-) Bahnen mit Normalspur vorhanden sind. Allerdings wird man in ihnen auch manche Kleinbahn normalspurig anlegen; aber in Deutschland sind mindestens Gebiete wie der Bayrische Wald, die Sudetenländer, die ganzen Alpen und vor allem die gesamten ehemals polnischen Gebiete das gegebene Feld für diese schmalspurige Kleinbahn.

Sobald aber Deutschland diese hochwertige Schmalspurbahn geschaffen hat, werden seine Nachbarländer gern diesen Typ annehmen und entsprechendes „Eisenbahnmaterial" (Schienen, Weichen, Sicherungsanlagen, Drehscheiben, Lokomotiven, Wagen, Werkstatteinrichtungen usw.) von Deutschland beziehen, denn sie wissen, daß sie dann gut und billig beliefert werden.

Dagegen ist der neue Bahntyp von 1000 mm Spurweite, also die „Meterbahn" berufen, in unseren Kolonien eingesetzt zu werden, aber hier nicht als Kleinbahn, sondern als Hauptbahn.

Druck von C. G. Röder, Leipzig.

GPSR Compliance

The European Union's (EU) General Product Safety Regulation (GPSR) is a set of rules that requires consumer products to be safe and our obligations to ensure this.

If you have any concerns about our products, you can contact us on ProductSafety@springernature.com

In case Publisher is established outside the EU, the EU authorized representative is:

Springer Nature Customer Service Center GmbH
Europaplatz 3
69115 Heidelberg, Germany

Batch number: 10844827

Printed by Printforce, the Netherlands